KB061316

9급 공무원을 위한 나라는 없다

9급 공무원을 위한 나라는 없다

초 판 1쇄 2023년 10월 20일

지은이 임이삭
펴낸이 류종렬

펴낸곳 미다스북스
본부장 임종익
편집장 이다경
책임진행 김가영, 신은서, 박유진, 윤가희, 윤서영, 이예나

등록 2001년 3월 21일 제2001-000040호
주소 서울시 마포구 양화로 133 서교타워 711호
전화 02) 322-7802~3
팩스 02) 6007-1845
블로그 http://blog.naver.com/midasbooks
전자주소 midasbooks@hanmail.net
페이스북 https://www.facebook.com/midasbooks425
인스타그램 https://www.instagram/midasbooks

© 임이삭, 미다스북스 2023, *Printed in Korea*.

ISBN 979-11-6910-352-7 03190

값 20,000원

※ 파본은 본사나 구입하신 서점에서 교환해드립니다.
※ 이 책에 실린 모든 콘텐츠는 미다스북스가 저작권자와의 계약에 따라 발행한 것이므로 인용하시거나 참고하실
  경우 반드시 본사의 허락을 받으셔야 합니다.

미다스북스는 다음세대에게 필요한 지혜와 교양을 생각합니다.

현직 공무원이

작심하고 밝히는

공무원의 모든 것

9급 공무원을 위한
나라는 없다

임이삭 지음

미다스북스

9급 공무원은 최악의 직업 중 하나다. 필자가 12년 동안 공무원으로 일하며 내린 결론이다. 물론 9급 공무원이라도 다 같은 공무원은 아니다. 일반행정 공무원이 있고, 기술직 공무원도 있으며, 같은 행정공무원이라도 정부에서 근무하는 공무원, 지방자치단체에서 근무하는 공무원, 학교에서 근무하는 공무원 등 그 업무 분야가 실로 방대하다. 나는 지방자치단체에서 일반행정 공무원으로 근무하며 공직 경력을 쌓았다. 10년이 넘게 근무하다 보니 국가기관이나 학교 등 다른 기관에서 근무하는 공무원들과도 교류하게 되었으며, 어디에서 근무하든 공무원 생활이 대동소이하다는 것도 알게 되었다. 모두 비슷한 고민을 하고 있었고 좌절하고 있었으며 시간이 갈수록 그 어떤 것도 바꿀 수 없다는 사실에 체념하고 있었다. 공무원은 꿈도 비전도 없는 직업이었다.

10년 전만 해도 공무원은 최고의 직업으로 인식되었다. 100:1 경쟁률이 평균치였다. 9급 공무원 시험 합격자 명단이 대학 캠퍼스에 현수막으로 달렸다. 공무원을 주인공으로 하는 영화와 드라마도 우수수 쏟아졌다. 공무원 광풍의 시대였다. 딱 10년의 세월이 흐른 2023년 현재. 공무원은 청년들에게 철저하게 외면받고 있다. 특히 계급사회 성격이 강한 공무원 직군에서 가장 말단인 9급 공무원은 제대로 된 직업 취급도 받지 못하고 있다. 9급 공무원은 편의점 아르바이트보다도 못한 직업이라는 게 현재 20~30대 청년들의 결론이다.

9급 공무원뿐만 아니다. 7급, 5급 시험에도 젊은이들이 도전하지 않고 있다. 과거 행정고시에 합격하면 엄청난 출세였고 가문의 자랑이었지만 이제는 세무사, 회계사, 노무사 등 전문직에 치이고 중견기업에 취업하는 것보다도 못한 취급을 받고 있다. 뉴스에서는 낮은 보수와 경직된 조직문화가 문제라고들 한다. 맞는 말이다. 그런데 낮은 보수가 얼마나 낮은 것인지 경직된 조직문화라는 게 구체적으로 어떤 문화를 의미하는지에 대해서는 설명이 없다. 이 책은 바로 이 점을 상세하게 설명하기 위해 쓰였다.

나라를 위해 일하는 명예로운 직업 공무원이 왜 이런 처지까지 몰렸을까? 월급이 적어서라는 그 문제 하나뿐일까? 아니다. 돈 문제도 크지만 절대 돈 문제만은 아니라고 확언할 수 있다. 공무원 인기가 가장 높던 2010년대 초반에도 공무원 월급이 적은 건 마찬가지였다. 대한민국 건국 이래 공무원이 일반기업 대비 많은 월급을 받았던 시기는 그 어느 때도 없었다. 공무원은 대한민국에서 원래 박봉인 직업이었다. 물론 최근 몇 년간 통화량 증가로 인한 급격한 물가 상승 여파로 원래 박봉이었는데 더 박봉이 된 건 맞다. 사기업 대비 공무원 임금은 2020년 90.5%에서 2022년 82.3%까지 떨어졌다. 하지만 그것만으로 공무원 인기 하락의 원인을 돈으로만 볼 수는 없다. 공무원이 박봉이라는 건 대한민국에 사는 사람이라면 누구나 다 안다. 공무원은 돈 벌기 위해 하는 직업이 아니다. 공무원 시험을 준비하는 이 중 돈을 많이 벌겠다고 하는 사람은 없다.

그렇다면 무엇이 진짜 원인일까? 과거로 다시 돌아가 본다. 공무원은 누가 뭐래도 대한민국 발전의 주역이었다. 한강의 기적을 만든 주체다. 대한민국 국민 누구나 우리나라의 현대사를 자랑스러워한다. 한국전쟁 후 폐허에 불과했던 이 작은 나라가 산업화와 민주화를 동시에 이뤄내고 전 세계 10대 선진국에 진입했다. 누군가는 대통령이 잘해서 또 누군가는 기업이 잘해서 국민이 잘해서 그 성과의 공을 평가하지만 숨겨진 공로자는 바로 공무원이다. 우리가 무의식적으로 이용하고 있는 모든 시설에는 공무원의 땀과 눈물이 배어 있다. 경부고속도로는 현대가 만들었지만, 현대가 그 공사를 성공적으로 수행할 수 있는 조건을 만들고 각종 규정과 제반여건을 만든 책임자는 결국 공무원이다. 주말이면 가족과 연인과 친구들로 넘쳐나는 한강공원의 작은 벤치 하나도 공무원이 아니면 있을 수 없었다. 여름철 비만 오면 침수피해를 일으키던 한강을 누구나 안심하고 즐길 수 있게 정비한 공무원도 있을 것이다. 누군지 모르지만 그 공무원은 아마 매일같이 한강에서 자신의 삶을 자랑스럽게 회고할 것이다. 내가 이곳을 만든 사람이야. 내가 한강을 이렇게 아름답게 만들었어. 그 자부심이야말로 사람이 살아가는 이유일 테다. 그래서 공무원은 박봉이라도 열심히 일할 수 있었다. 국가와 국민을 위한 사명감이라는 것은 이런 데서 나오는 것이다.

그러나 지금 공무원들은 아무 힘이 없다. 전문성을 인정받지 못한다. 시장에서 붕어빵 장사만 30년 해도 누구나 그 사람의 붕어빵 실력을 인정하는데, 공무원은 30년 40년을 근무해도 행정 전문성을 인정받지 못한다. 공무원의 의견은 언제나 묵살당한다. 결정권이 없다. 결정권은 언제나 국민의 투표로 뽑힌 선출직 공무원에게 있다. 그 사람은 대통령일 수도 있고, 시장·도지사일 수도 있고, 국회의원일 수도 장관일 수도 있다. 그들에게 오랜 시간 공직에서 일한 공무원들의 의견은 아무런 영향력도 없다. 오로지 자신의 정치업적과 성과에만 천착하고 내 정치이익을 위해 공무원을 부려먹을 뿐이다.

예전에는 도로를 하나 만들고 공원을 하나 만들어도 공무원의 의견이 중요했다. 아니 중요하다기보다 공무원 말고 그런 생각을 할 수 있는 사람 자체가 없었다. 당시에는 민원체계가 잡혀있지 않던 시절이어서 주민 의견 수렴과정 자체가 없었고 지방자치제도 법제화되지 않아 시의원 구의원들도 존재하지 않았다. 국가가 의도한 바는 아니지만, 공무원의 행정 전문성이 자연스럽게 인정되는 시절이었다. 공무원의 판단력과 결정 권한이 살아 있었다. 그 누구도 도로 놓아 달라고, 공원 만들어 달라고 하는 사람은 없었다. 그저 공무원이 고민하고 생각해서 자신의 행정 경험과 전문성을 토대로 국민에게 필요한 각종 정책을 계획하고 시행해 나갔다. 그리고 그 과정에서 내가 국가발전에 이바지하고 있구나, 국민이 더 편안한 생활을 할 수 있는 환경을 만들고 있구나 하며 보람을 느낄 수 있었다.

현재 공무원들은 정치인이 시키는 대로만 움직이는 기계가 되었다. 자율성과 주체성이라고는 전혀 없이 시키는 일만 꾸역꾸역 하기 바쁜데 일하는 보람이 있을 리 없다. 보람도 없고 돈도 못 벌고 정치인과 민원인 갑질에 이리저리 끌려다녀야 한다. 대한민국 역사상 가장 높은 수준의 교육을 받고 자란 똑똑한 20~30대 청년들이 이런 직업에 뭐하러 도전하겠는가? 공무원 인기가 떨어지는 가장 큰 이유는 바로 이것이다. 청년들이 너무 돈만 따진다고? 요새 고생하지 않는 직업이 어디 있냐고? 뭘 몰라도 한참 모르는 소리다. 시대의 판단은 언제나 틀리지 않는다.

더 큰 문제는 현직 공무원들의 사기 저하다. 취업 준비생들이야 이런 공무원들의 현실을 어느 정도 알고 있으니 애초부터 공무원을 안 하면 그만이다. 그러나 현직 공무원들은 다르다. 이미 공직에서 적게는 3~4년 많게는 10년 이상 일을 했다. 공직 커리어는 그 어디에서도 인정받지 못하기에 현실적으로 이직하기도 쉽지 않다. 공무원으로 일을 하면서 결혼하고 자녀를 낳은 사람들도 있다. 당장 하루하루 먹고살기 급한데 어떻게 이직 준비를 하겠는가? 울며 겨자 먹기로 공무원 생활을 계속하고 있지만 그 마음에 불만과 분노가 계속 쌓이는 형국이다. 마치 휴화산의 마그마와 같다. 언제 폭발할지 모르는 시한폭탄이다.

인터넷 커뮤니티에서는 공무원의 이러한 불만들을 '누칼협'이라며 조롱한다. 누칼협은 '누가 칼 들고 협박이라도 했냐?'라는 말의 축약어다. 누가 칼 들고 공무원 하라고 협박이라도 했느냐 본인이 원해서 공무원이 되었는데 무슨 불만이 그리 많냐는 이야기다. 필자는 개인적으로 이 말에 참을 수 없는 분노를 느낀다. 사람에 대한 최소한의 인격적 존중이 없는 반박논리라고 생각하기 때문이다.

국민이 공무원을 이렇게 조롱하는 것도 나름의 이유는 있다. 공무원은 일 안 하고 놀기만 한다고 생각한다. 공무원 박봉이고 보람도 없고 조직문화도 후지고 알겠는데 출근해서 온종일 탱자탱자 놀기만 하니까 괜찮다는 편견이다. 도시전설 같은 옛날 이야기도 사실처럼 떠돈다. 공무원은 부패한 조직이어서 공공의 권한을 이용해 개인의 사리사욕을 채우고 있다는 인식이다. 민간기업과 한패로 짜고 치면서 돈을 챙긴다든가 민원인의 사정을 이용해 뇌물을 받는다든가 하는 아무런 근거도 없는 낭설인데도 여전히 이런 이야기를 믿는 사람들이 많다. 단연코 현직 공무원으로 말하건대 하급 공무원들에게는 아무 해당 사항 없는 이야기다. 1급, 2급 고위공무원단이나 선출직·정무직 공무원이라면 모를까 하급 공무원들은 아무런 권력도 권한도 없다. 비리를 저지르고 싶어도 권한이 없기 때문에 불가능하다. 업무량도 마찬가지다. 그 어느 대기업과 비교해도 적지 않다. 하급 공무원은 그저 위에서 시키는 대로 묵묵히 일만 한다. 주민이 욕하면 욕먹고 때려도 가만히 맞고만 있어야 할 때도 있다. 그야말로 을 중의 을이다.

공직 특유의 꽉 막힌 조직문화도 공무원의 사기를 떨어뜨린다. 공직만큼 수직적이고 소통이 되지 않는 직군은 찾아보기 힘들다. 하부의 의견은 절대 상부로 전달되지 않는다. 혹여나 전달된다 해도 싸가지 없는 직원으로 찍히기만 할 뿐 받아들여지지 않는다. 불합리하고 비효율적인 업무처리 과정부터 상사의 갑질과 괴롭힘, 사기업에서는 상상도 할 수 없는 인격 모독성 발언과 성희롱, 쌍팔년도식 회식 문화 등 대한민국의 안 좋은 조직문화란 조직문화는 죄다 공직에서 그 마지막 생명줄을 이어가고 있다. 필자가 지인들에게 이러한 조직문화 이야기를 하면 놀라는 이가 너무 많다. '세상에 그런 문화가 아직도 살아있다고?', '그거 1980년대 이야기 아니야?' 아니다. 공직에서는 현실이다.

　이 책에서는 하급 공무원에게 초점을 맞추어 이 모든 하급 공무원의 비참한 현실을 낱낱이 분석하고 고발하려 한다. 필자에게는 이대로는 정말 안 된다는 절박함이 있다. 이대로 가다가는 공직 전체가 무너진다는 위기감이다. 사기가 떨어질 대로 떨어진 공무원들은 현재 업무를 일부러 회피하고 등한시하며 영혼 없는 좀비처럼 공무원직을 이어가거나, 의욕을 가지고 일하더라도 불공정한 성과체계에 좌절하고 그 의욕을 더 이상 유지하지 못하는 지경에 이르고 있다. 공무원 사회 전체에 열심히 일할 필요 없다는 여론이 증폭되고 있다. 지금은 아무 일 없는 것 같아 보이지만 이 문제는 장차 국가와 국민에게 엄청난 손해로 다가올 것이다. 상상해 보라. 당신이 쓰레기로 뒤덮인 어느 곳을 청소해달라고 시청에 민원을 넣었는데 그 어느 공무원도 꿈쩍하지 않는 현실을. 도로가 쓰레기로 뒤덮이든 말든 나는 그저 철밥통 공무원이니까 아무 상관없다고 방관하는 공무원들만으로 이 나라가 가득해질 수 있다. 엄연히 우리에게 다가오고 있는 현실이다.

　한편으로 이 책을 쓰면서 필자 개인 차원의 고민도 컸다. 나 자신이 공무원이면서 공무원이 최악의 직업이라고 주장하는 것이 과연 옳은 행동인가에 대한 고민이었다. 심각한 자기부정이었다. 아무리 안 좋은 직업이라도 내 밥벌이이며 내 생계를 유지해 주는 직업이다. 하지만 할 말은 해야 했다. 하고 싶었다. 나를 비롯해 수많은 공무원이 겪고 있는 뼈저린 후회를 미래가 창창한 젊은이들이 똑같이 겪게 하고 싶지는 않았다.

하나 마나 한 직장 이야기, 징징대는 이야기로 비치지 않을까 하는 걱정도 있었다. 이 세상의 모든 회사원은 회사 얘기라면 지긋지긋하고 당장에라도 회사를 그만두고 싶어 의미 없는 줄 알면서도 로또복권을 산다. 하지만 이 책의 목적은 단순히 넋두리가 아니다. 1차적으로 9급 공무원이라는 직업을 객관적으로 해부하여 취업을 준비하는 이들에게 직업 선택에 도움을 주는 것이 이 책의 목적이며, 2차로는 일반 독자들에게 공무원의 생활상을 날것 그대로 보여줌으로써 왜 최근에 공무원 인기가 이렇게 떨어지고 있는지 사회적 이슈를 분석할 수 있는 지성과 교양을 넓힐 수 있는 데에 의의를 두었다.

비판적인 시각만 담지는 않았다. 이 세상에 온전히 나쁜 일은 없는 법이다. 다른 직업에 비해 공무원이 상대적으로 가지고 있는 장점이 여전히 존재한다. 이 책은 9급 공무원의 부정적인 면을 주로 부각시켰지만 어떤 사람에게는 9급 공무원이 최고의 직업일 수도 있다. 공무원만이 누릴 수 있는 장점도 제시하여 균형을 맞췄다.

'9급 공무원 힘들다 힘들다 해도 하고 싶은 사람 널렸다.', '공무원보다 못한 직업 많다.'라며 반론을 제기하실 분들도 있을지 모르겠다. 특히 일자리가 부족한 지방에서는 공무원은 아직도 매력적인 선택지 중 하나임에는 분명하다. 그리고 공무원은 원래 국가와 국민에 대한 봉사자로서 일해야 하는 직군이기 때문에 돈이 적다느니 민원인들에게 욕 좀 먹는다고 힘들다느니 우는소리 하면 안 된다는 논리도 있을 수 있다. 하지만 이제 시대가 달라졌다. 사명감으로, 희생과 봉사의 마인드로 일하는 시대는 지나갔다. 공무원도 하나의 직업이다. 돈을 벌고 생계를 유지하기 위해 하는 일이다. 우리나라에서 최고의 직업으로 인정받는 의사도 불합리한 근무여건을 토로하며 국가에 이것저것 조치를 요청하는 시대다. 하급 공무원이라고 볼멘소리하지 않아야 한다는 법은 없다. 공무원이라는 직업에 대한 자유로운 평가와 비판적 분석, 대책 마련 요구는 충분히 가능하다고 생각한다.

목차

성과
체계

4장　불공정과 불합리

업무
여건

5장　공무원이 하는 일

6장　그래도 공무원을 하고 싶다면

1장

뻔할 뻔 자
공무원 인생

진로

①

99% 정해져 있는 공무원 인생 30년
시나브로 시들어간다

대한민국 역사와 공무원 인기 상관관계

사람 일 아무도 모른다. 어디로 흘러갈지 모르는 게 인생이다. 살다 보면 누구나 인생의 변동성을 체험하고 목격한다. 밥 한 끼 사 먹을 돈도 없이 대학로 연극판에서 거리를 전전하던 누군가는 지금은 그 누구도 부럽지 않은 부와 명예를 얻었다. 반대의 경우도 있다. 최고의 위치에서 밑바닥까지 떨어져 인생의 쓴맛을 보기도 한다.

국가도 흥망성쇠를 거친다. 1970~80년대를 지나며 전 세계적으로도 그 유례를 찾기 힘든 폭풍 성장을 거듭, 한강의 기적을 이룬 대한민국은 1990년대 후반 IMF 경제 위기라는 초유의 국가 부도 사태를 맞았다. 공무원이라는 직종이 대한민국 사회에서 주목받은 시기가 바로 이때부터다. 국가가 잘 되든 망하든 일정한 경제·사회적 위치를 보장받는 공무원 직종의 매력이 부각되었다. 속된 말로 공무원은 굶어 죽을 일은 없다는 장점이 사람들의 이목을 끌기 시작한 것이다.

일제시대부터 6.25 전쟁과 경제 성장, 군부독재, 민주화운동, IMF까지 굴곡의 근현대사를 몸으로 겪어낸 우리나라 사람들은 항상 생계에 위협을 받으며 살았다. 나라를 둘러싼 내·외부 환경의 변동 진폭이 너무 컸다. 지금 좋다가도 언제 나빠질지 모른다는 불안감을 가지고 살았다. 심지어 목숨마저 위협받는 때도 많았다. 그래서 언제 올라가고 내려올지 모르는 그 변동성, 비예측성에 거부감을 느끼게 되었다. 밥에 김치만이라도 평생 안정적으로 먹고살 수 있다면 괜찮다는 국민적 인식이 공무원 직종의 인기를 부추겼다.

어느덧 IMF 경제위기 이후 25년이 지났다. 우려와 달리 우리나라는 위기를 이겨내고 발전을 거듭했다. 가장 주목해야 할 부분은 복지행정의 발전이다. 우리나라 복지행정 수준은 세계 최고다. 소년소녀가장, 장애인 등 사회 취약계층에 대한 복지는 물론이고 국가가 직접 복지대상자를 찾아다니면서 지원 정책을 펼치는 명실상부한 적극 복지국가가 되었다. 일자리가 없는 이에게 실업급여를 주고 무료로 취업교육을 시켜주며 청년이라는 이유 하나만으로 아무 조건 없이 수당을 지급한다.

이제 대한민국 국민 그 누구도 굶어 죽을 걱정은 하지 않는다. 내 꿈이 이루어지지 않는 현실, 내 욕망을 세상에서 제대로 실현하지 못하는 아쉬움이 문제일 뿐 내 생계와 생명을 위협하는 의식주의 문제는 완전히 해결되었다.

시대의 변화,
성공도 실패도 없는 노잼 직업이 된 공무원

현시대에 공무원이 인기가 없어진 이유는 바로 여기에서 비롯된다. 먹고 자는 기본적인 삶의 욕구가 국가의 적극적인 지원으로 이미 해결된 상황에서 국민 누구나 자신의 꿈과 미래를 위해 살기 시작했다. 나이가 젊고 열정으로 충만한 MZ세대는 더욱 그렇다. 남들보다 더 멋지게, 내 개성을 마음껏 펼쳐 보이며 살고 싶어 한다. 더 이상 이밥에 고깃국 먹으면서 하루하루 사는 게 인생의 목표인 시대는 아니다.

공무원은 이러한 시대 욕망과 완전히 정반대의 직업이 되었다. 특히 9급 공무원은 더 그렇다. 행정고시 출신의 고위공무원은 미래의 장·차관, 정치계 진출 등 사회 고위직으로서 자신만의 비전을 가질 수 있다. 하지만, 말단 공무원은 아무런 희망도 비전도 없다. 그저 조직 내 중간관리자인 팀장, 과장으로 성장하는 정도의 성공을 인생의 꿈과 비전이라고 할 수는 없는 일이다.

9급 공무원의 미래는 99% 정해져 있다. 워커홀릭이 되어 열심히 업무를 배우고 인맥을 잘 쌓는다면 4급 서기관까지는 진급해서 작은 공공기관의 기관장 정도까지 역임하고 퇴직한다. 물론 관운이 따르고 본인이 매우 열심히 근무한 경우에 한해서다. 대부분의 9급 공무원은 5급이나 6급까지만 진급하여 팀장 과장 업무를 수행하다 퇴직한다. 경우에 따라 남들보다 3~4년 빠르게 진급하는 기쁨을 누릴 수 있지만 이는 그 순간 기분이 좋다 뿐 다른 직원보다 3~4년 빨리 진급하는 일을 인생의 꿈과 비전으로 삼고 사는 사람은 없을 것이다.

20대 후반~30대 초반에 9급 공무원으로 처음 임용되었다고 가정하면 10~15년의 기간 동안 9~7급 실무 공무원으로서 역할을 하고 나머지 기간은 6, 5급 공무원으로 관리자 역할을 하다가 60세에 퇴직. 이것이 9급 공무원의 공직 인생이다. 절대 이 경로를 이탈하지 않는다. 일을 잘해도 못해도 이 길을 따라간다. 근무하면서 일의 보람을 찾기도 힘들다. 기관장의 지시에 따라 상명하복 절대복종하는 직업이 공무원이기 때문이다.

그저 시키는 대로 일을 한다. 다른 사람의 뜻에만 따라 움직이는데 보람이 있을 리 없다. 50년 100년을 근무한다 해도 보람이 없을 것이다. 보람이라는 감정은 온전히 내 자율의지대로 행동하여 성과를 냈을 때 느낄 수 있는 감정이다.

공무원이 가장 힘들어하는 부분이 바로 이 지점이다. 9급 공무원으로 들어와 1~2년만 근무해 봐도 60세 퇴직 때까지 내 미래가 그려진다. 그 시기와 방법, 절차마저 명확하다. 내일 일도 모르는 게 인생이라는데 수십 년 내 인생길이 그대로 확정되어 버린다. 뻔한 일상, 뻔한 미래, 뻔한 업무. 시키는 대로 일하다 나이가 들어 퇴직하는 그 순간까지. 그 정해진 길을 하루하루 걸어간다. 인생의 변동성은 없다. 대박도 쪽박도 없다.

자본주의 사회에서는 아무리 작은 직업이라도 큰 성공을 기대할 수 있다. 길가에서 붕어빵 장사를 한다 해도 그 붕어빵을 국내 최고의 붕어빵으로 만들면 금세 입소문이 퍼지고 유명해진다. 아무것도 아닌 붕어빵 트럭에 사람들이 1시간씩 줄을 서서 붕어빵을 사 먹는다. 길가에서 작은 손수레 하나로 시작한 붕어빵 장사가 프랜차이즈 기업체가 될 수도 있다. 본인의 노력과 성과에 따라 한없는 가능성이 열려 있다.

공무원에게 그런 가능성이란 0%에 수렴한다. 아무리 내 분야에 정성을 다해 실력을 쌓아도 코스가 정해져 있다. 정해진 시기에 진급해야 하고 정해진 시기에 관리자가 되고 정해진 시기에 퇴직한다. 몇 년 빠르고 늦을 수도 있지만 큰 차이는 없다. 사회에 격변이 많이 일어나는 시기에는 이 터무니없는 안전성이 매력으로 다가올 수 있겠지만 현재의 대한민국은 아니다. 점점 개인주의화 되어 본인의 개성대로 사는 세상이다. 개성과 다양성을 억압하고 표준화시키는 공무원 사회가 MZ세대에게 인기가 없어진 이유다.

공무원에게도 성공의 기회가 열려 있지 않느냐 반문할 독자가 있으실지 모르겠다. 로또 당첨 급의 아주 작은 가능성이 있기는 하다. 9급 공무원의 신화로 불리는 이들이다. 9급 공무원으로 시작해 기초지방자치단체장 자리까지 오른 사람, 2~3급에 해당하는 고위공무원으로까지 진급에 성공한 사람들이 그 예다.

하지만, 단언컨대 이런 케이스는 극히 일부이며 기적에 가깝다. 유튜브로 누구는 수십억씩 벌고 있으니 나도 해보면 되지 않을까 망상하는 것과 다를 바 없다. 그리고 9급 공무원의 신화라고 해봤자 2~3급 공무원까지 올라간 후 퇴직이다. 큰돈을 버는 것도 아니고 엄청난 명예와 인지도를 얻는 것도 아니다.

공무원은 일반 회사원들과도 그 궤가 다르다. 사기업에 근무하는 회사원은 공무원과 달리 능력만 인정받으면 고속승진이 가능하고 임원도 달 수 있다. 최근 모 대기업에서는 30대 임원까지 나왔다. 장유유서식 연공서열을 모두 무시하고 성과와 능력만 강조하는 조직문화가 우리나라 기업에도 서서히 자리를 잡고 있다. 꼭 대기업에 다니지 않아도 된다. 중소기업에서 열심히 커리어를 쌓고 인정받으면 내 힘으로 돈을 벌 수 있는 힘이 생기고 회사를 차려 독립할 수 있다.

꿈을 갖고 살려면 공무원은 하지 마라

정주영 현대그룹 회장의 자서전에는 이런 일화가 나온다. 정주영 회장을 열성으로 돕던 부하 직원이 어느 날 정주영 회장에게 사표를 제출했다. 놀란 정주영 회장이 왜 갑자기 회사를 그만두느냐고 묻자 그 직원은 "회장님을 모시고 같이 일을 하면서 어떻게 돈을 벌어야 하는지 알게 되었고 자신감이 생겼다. 이제 그 방법으로 저도 돈을 벌고 싶다."라고 말했고, 정주영 회장은 흔쾌히 그 부하 직원의 미래를 응원하며 사표를 수리했다는 일화다. 이처럼 일반 회사원도 대기업이든 중소기업이든 본인이 어떻게 하느냐에 따라 인생의 변곡점을 만들어낼 수 있다.

공무원은 이런 자기계발 가능성이 없으며, 사실상 이직도 불가하다. 내가 재직하고 있는 회사보다 더 높은 연봉과 좋은 근무여건의 회사 문을 계속 두드리며 자기발전을 꾀할 수 있는 경로가 단절되어 있다. 공무원 커리어는 공무원 조직을 벗어나는 순간 그 어디에서도 인정받지 못한다. 주민등록등본이나 떼어 주고 워드 보고서만 쓰던 사람을 사회 어디에서 대접해 주겠는가? 공무원 신분을 오래 유지할수록 내 인생의 족쇄가 될 뿐이다. 1년 1년 나이는 먹어가고 커리어는 없고 무엇엔가 도전할 열정도 힘도 없는 초라한 사람으로 시들어간다.

최근 공무원이 된 지 5년 이내 신규 공무원들의 퇴사율이 올라가는 것은 바로 이런 선배들의 모습을 두 눈으로 똑똑히 보았고 자신의 미래가 그런 식으로 흘러가는 것이 싫기 때문이다. 얼마 전 내가 근무하는 부서에서도 20대 후반 나이의 신규직원이 노무사 시험을 준비하겠다며 퇴직했다. 평소 매우 성실하고 성과도 있는 직원이었다. 그가 보여준 성실성이라면 충분히 노무사 시험에 합격할 수 있겠다는 생각이 들었다. 진심으로 응원해주었다. 나는 저 나이에 저런 생각을 하지 못했는데 과감하고 훌륭한 판단이라고 생각했다.

인생의 변동성과 예측 불가능성은 과연 부정적인 요소일까? 나는 절대 아니라고 본다. 오히려 우리네 인생이 살만한 건 바로 내일 일조차 감히 예상할 수 없는 그 변동성 때문이다. 그 변동성을 내 노력으로 만들어낼 수 있다는 점, 내 의지와 성과에 따라 무한한 가능성이 열려 있다는 그 점이 바로 각자의 인생을 열심히 살게 하고 재미있게 만든다.

하지만 공무원으로 살게 되는 순간, 내 인생은 아무런 재미도 꿈도 비전도 없어진다. 노력해도 발전 가능성이 없으니 자기계발도 없고 그저 공무원 조직에서 하루하루 시들어가며 나이만 먹는다. 장점은 단지 하나, 실패할 가능성도 없다는 것. 그것뿐이다.

꿈이 있으면 아무리 나이를 먹어도 청년이다. 아무리 하찮은 일을 해도 그 일을 통해 내 꿈을 이룰 수 있다는 열정이 있다면 그 사람은 행복한 사람이다. 그 열정으로 각자의 인생을 충실히 채워갈 때, 나 자신뿐만 아니라 이 세상에도 긍정적으로 기여하는 것이다. 아무 꿈도 비전도 없이 오로지 실패가 두려워 내 자율성이라고는 하나도 발휘할 수 없는 조직에서 남 시키는 일만 꾸역꾸역 하면서 평생을 보내는 공무원이라는 직업. 안정성보다는 승부와 경쟁, 내 성과를 중요시하는 사람이라면 이 직업을 선택하지 말기를 강력히 권유한다.

②

삼식이로 40년 살래?
퇴직 후 공무원의 비참한 삶

100세 시대는 공무원에게도 공포로 다가온다

바야흐로 100세 시대다. 유발 하라리의 『사피엔스』를 보면 인류는 100세 시대를 넘어 영원불멸의 존재를 목표로 계속 발전해 간다는데 과연 우리의 수명은 어디까지 늘어날까 싶다. 미래는 알 수 없다지만 어쨌든 모두가 동의하는 한 가지 사실이 있다. 대한민국 국민 평균수명은 앞으로 더 늘면 늘었지 줄어들 일은 없다는 사실이다. 그런데 과연 오래 사는 것이 축복일까? 누군가에게는 축복이고 누군가에게는 지옥일 것이다. 그렇다면 공무원에게 오래 산다는 것은 축복인가? 아니다. 명백히 지옥이다.

얼마 전 뉴스에서 인천국제공항에서 하릴없이 시간을 보내는 노인들의 이야기가 전파를 탔다. 이 노인들은 기본적인 생계를 유지해 나갈 정도의 소득과 재산은 있지만 아무런 사회활동을 할 수 없는 이들이었다. 직업도 취미 생활도 없었다. 그저 집에서 하루 세 끼 해결해야 하는 삼식이 신세였고 멀뚱멀뚱 앉아서 TV만 보는 게 하루 일과인 그런 노인들이었다. 청년의 눈으로 보면 운동도 하고 친구도 만나고 하지 왜 그러고 사나 싶지만 그건 노인이 되어보지 않아서 하는 말이다. 일단 건강해야 하는데 그게 사람 마음대로 되지 않는다. 나이 50만 넘어도 여기저기 아프기 시작하고 70이 넘으면 젊은이들은 쉽게 생각하는 헬스 달리기 배드민턴과 같은 활동성 있는 운동은 거의 하지 못한다. 그나마 걷기나 수영과 같은 극히 안전한 운동만이 노인이 할 수 있는 운동의 전부다. 이 정도 운동이라도 할 수 있으면 다행인 지경이다. 그리고 친구도 돈이 있어야 만나는 것이다. 집에서 한 발짝만 나가면 다 돈이다. 빈곤 노인들은 겨우 삶을 유지할 수 있을 정도의 소득과 재산이 있을 뿐이지 여가생활을 즐기고 인적 네트워크를 관리해 나갈 정도의 돈은 없다. 그렇다고 매일 집에만 처박혀 있을 수 없기에 탈출구를 인천국제공항에서 찾은 것이다. 경로우대 혜택을 받아 무료로 지하철을 타고 매일 아침 인천국제공항에 가서 장기도 두고 바둑도 두고 널찍한 곳에서 비행기 뜨고 내리는 모습을 보면서 소일하는 것이다. 의미 없는 건 마찬가지지만 집에서 멀뚱멀뚱 TV나 보고 식은 밥에 김치로 한 끼 때우는 생활보다는 훨씬 나을 수 있다.

공무원도 노후 대비가 필요하다

그 어떤 청년도 미래의 내 노후가 이런 모습으로 되기를 원하지는 않을 것이다. 청년 시절부터 노후대비를 철저하게 해야 한다. 노후대비는 결국 두 가지로 요약된다. 돈과 외로움이다. 다시 말하면 경제적 여유와 인적 네트워크다. 가장 바람직한 케이스는 노후에 내가 일할 일자리가 있는 것이다. 사회생활을 하면 당연히 돈을 벌게 되고 여러 사람을 만나며 외로움의 문제도 간단히 해결된다.

그렇다면 공무원은 이런 노후대비가 되는 직업일까? 답은 아니오다. 공무원이라는 직업의 대표적인 장점이었던 공무원 연금은 별도 파트에서 더 자세히 후술하겠지만 그 혜택이 앞으로 대폭 줄어들 것은 명약관화다. 2023년 합계 출산율이 0.6명대로 떨어질 것이라는 비관적인 기사들이 하나둘 나오고 있다. 현재 30세인 공무원이 60세에 퇴직할 즈음에는 우리나라는 그야말로 노인 천국이 될 것이고 이들을 먹여 살릴 공무원 연금 재원은 그 어디에서도 발굴할 수 없을 것이다. 대한민국은 이미 저성장 시대에 접어들었고, 1970~80년대와 같은 급격한 경제성장은 불가능하다. 한마디로 공무원 연금은 그저 공무원들이 굶어 죽지 않을 정도의 혜택만 주는 무늬만 연금이 될 것이 뻔하다. 공무원 연금 하나로 노후대비 걱정은 할 필요가 없었고 퇴직 후 연금 받으면서 매일같이 등산 다니고 골프 치는 현재 퇴직 공무원들의 노후생활은 호랑이 담배 피우던 시절 이야기로 남을 것이다.

퇴직 공무원의 비참한 삶

퇴직 공무원을 위협하는 건 돈뿐만이 아니다. 공무원 연금으로 먹고 살 수 있을 정도의 급여는 있지만 도무지 만날 사람이 없다. 30년 평생을 공무원으로 살다 보니 공직을 떠나 인간관계를 맺기도 너무 힘들다. 등산도 도서관도 끽해야 1년이다. 매일 아무 하는 일도 없이 공원이나 도서관을 돌아다니기 일쑤다. 집에서 삼식이 노릇 하기에는 배우자와 자녀들 보기가 부끄럽다.

결국, 공무원도 퇴직 후에 일을 해야 한다는 결론으로 귀착된다. 이는 사기업과 다를 바 없으므로 공무원이 일반기업 대비 가지고 있는 장점이 미래에는 완전히 사라진다는 뜻이다. 그러면 공무원은 퇴직 후에 무슨 일을 할 수 있을까? 없다. 공직 경력을 수십 년 쌓아 봤자 사회에서 그 전문성을 절대 인정받지 못한다. 특히 하급 공무원은 더욱 그렇다. 퇴직 후 일자리는커녕 현직에 있을 때도 이직조차 할 수 없다. 공무원은 일반회사와 달리 공무원 시험이라는 특수한 절차를 거쳐 임용된다. 공무원 시험은 국어, 영어, 행정법, 행정학 등의 암기형 과목으로 이루어져 있고 그 수준 또한 생각보다 그리 높지 않다. 대학 학벌을 중심으로 토익, 토스, 면접, 사회경력, 일반상식 등 무수한 스펙을 보유하고 기업의 문을 두드리는 일반 회사원들의 취업 절차와는 그 궤가 완전히 다르다. 공무원 시험 1~2년 준비하고 합격해 3년만 공무원으로 일해도 사기업으로 이직은 꿈도 꿀 수 없다. 5년 가까운 시간 동안 당신이 공직에서 얻어낸 그 어떤 스펙도 사회에서는 인정해주지 않기 때문이다. 그래서 공무원들끼리 하는 말 중에 이런 말이 있다. 공무원 들어와서 5년만 지나면 나가고 싶어도 못 나간다는 말이다. 생각해 보라. 동주민센터에서 주민등록등본 몇 년 떼던 사람을 무슨 대단한 경력이라고 사회에서 인정해주겠는가? 등본 안 떼고 시청이나 도청, 구청에서 일했다 해도 마찬가지다. 대한민국 사회는 행정경력은 경력으로 취급하지 않는다.

현직 공무원도 이직을 못하는 지경이니 퇴직 후 공무원의 생활은 더 비참하다. 9급 공무원으로 임용되어 30년 동안 일하고 퇴직한다고 가정해보자. 아마 퇴직 직급은 6급이나 5급일 것이다. 30년 중 15년은 실무자로서 보고서를 작성하는 등 행정 분야의 경험을 쌓았을 것이고 나머지

15년은 부하 직원들을 통제하는 관리자로서 일했을 것이다. 만약 당신이 어떤 회사의 사장이라면 나이는 60이 넘었고 경력이라고는 과거에 보고서를 좀 썼다 뿐이고 지금은 보고서 쓴 지도 하도 오래여서 실무능력은 전혀 없는, 그저 부하 직원들에게 15년 동안 높임만 받다가 관리자로서 퇴직한 사람을 채용할 것인가? 그 누구도 채용하지 않을 것이다. 그나마 행정고시 출신 고위공무원들은 전관예우 성격으로 연관 공공기관이나 공기업에 관리자로서 취직할 자리들이 꽤 있는 편이다. 이런 혜택도 자신이 공직에서 영향력을 발휘할 수 있는 높은 자리에 있을 때 명민하게 계획해 놓은 성과다. 영향력을 발휘할 기회 자체가 없는 하급 공무원들에게는 꿈과 같은 이야기다.

게다가 공무원은 이해력도 주체성도 추진력도 타 직군 종사자보다 떨어진다. 특히 9급 공무원으로 대표되는 하급 공무원직은 더 그렇다. 시키는 대로만 일하기 때문에 내 힘으로 내 생각으로 무언가 헤쳐 나가는 경험이 거의 없다. 관리자가 되어도 마찬가지다. 행정이란 것이 그렇다. 행정의 본질은 법과 규정과 절차에 따라 일을 진행시키는 것이다. 창의성을 애초에 발휘할 수 없는 분야다. 수십 년을 규정에 얽매여 살던 사람이 무슨 주체성과 추진력이 있겠는가? 노예근성만 남아 있을 뿐이다.

필자가 일하고 있는 기관에서 퇴직한 선배 공무원 중 일부는 공공근로 일자리를 전전하며 길가에서 현수막을 떼거나 잡초를 뽑으며 노후를 보내고 있다. 아파트 경비원이나 택시기사를 하시는 분들도 있는데 이 또한 쉽게 할 수도 없고, 한다 해도 최소한의 인격적 존중을 받지 못하는 기피 직업들이다. 노인이 할 만한 직업이 아니다. 특히나 15년 가까이 부하 직원들에게 대우받고 관리자로서 존중받던 직함에 있던 사람이 아파트 경비원이나 택시기사와 같은 일을 할 수 있을까? 아마 많이 힘들 것이다.

결국 퇴직 공무원 대부분은 집에서 그냥 연금 받으며 쉬게 된다. 하지만 쉰다는 표현은 적절하지 않다. 외로움과 허무함에 몸부림치는 힘겨운 나날이다. 아무 할 일도 없이, 만날 사람도 만나주는 사람도 없이 집에서 시간만 보내는 일이 얼마나 고통스러운지는 직접 겪어보지 않으면 모를 것이다. 내 존재가 이 사회에 아무런 영향력도 끼치지 못한다는 허무함이 몰려든다. 퇴직 후 우울증에 시달리는 분들이 많은 이유다.

그래서일까 공무원들은 퇴직을 1년 정도 앞둔 시기부터 얼굴이 울상이 된다. 하루하루가 아깝고 억울하고 1년만이라도 더 근무했으면 좋겠다는 상상을 한다. 퇴직하기가 너무너무 싫은 것이다. 부하 직원도 많고 나를 무시하는 사람도 없고 일거리도 없고 온종일 편안하게 생활하면서 월급 또박또박 나오는데 여기서 퇴직하면 자신을 만나줄 사람도 존중해줄 사람도 없으며, 월급도 공무원 연금에 기댈 수밖에 없는 자신의 비참한 처지가 현실로 다가오기 때문이다.

공무원은 평생 직업이 아니다.
나만의 길을 찾아야 한다

그래도 지금 퇴직하는 공무원들이 사정은 더 낫다. 어쨌든 연금이라도 많이 받지 이제 막 9급 공무원으로 임용된 청년 공무원들은 어찌할 것인가? 인천국제공항에 매일같이 출근해 의미 없이 하루를 보내는 노인들의 삶이 퇴직 후에 기다리고 있을 뿐이다. 언제까지? 60세 퇴직해서 100세에 죽을 때까지 장장 40년이다. 60세는 더 이상 노인이 아니다. 체력적으로나 정신적으로나 한창 일할 나이다. 그 나이에 할 일도 하는 일도 아무 미래 계획도 없이 인천국제공항이나 외롭게 돌아다니는 인생을 살고 싶은가? 아니면 길가에 현수막을 떼고 잡초나 뽑는 그런 일을 하며 살고 싶은가? 거듭 말하지만 공무원 연금으로는 절대 노후대비를 할 수 없다. 밥에 김치만 먹고 사는 삶을 노후대비가 되었다고 말할 수는 없다.

이제 편안한 노후생활을 바라며 공무원 하는 시대는 완전히 소멸했다. 최소한 60대까지, 더 나아가 70대까지 일해야 하는 시대다. 공무원은 더 이상 평생 직업이 아니다. 사회에서 커리어를 인정해 주는 직업만이 평생 직업이다. 그래서 의대광풍이 불고 있고 너도나도 전문직에 도전하고 있다. 나만의 커리어와 경쟁력을 젊은 시절에 최대한 쌓아 놓아야 노후에 나를 불러주는 곳이 생긴다. 공무원은 그 신분을 국가에서 보장하는 60세까지야 안정적일 수 있겠으나 그 이후의 삶은 아무도 보장해줄 수 없다.

홀쩍 현실로 다가온 100세 시대는 현 20~30대에게는 공포와도 같다. 이 공포를 이겨내고 살아남기 위해서 각자만의 적성을 찾아 최선의 노력을 경주해야 한다. 공무원은 절대 100세 시대의 해답이 되지 못한다. 서서히 죽어가는 끓는 물속의 개구리처럼 삶아지기 싫다면 사회에서 내 커리어와 경력을 인정해줄 수 있는 나만의 길을 찾아라. 못 찾겠다면 끊임없이 방황하며 실마리라도 찾아야 한다. 그것이 젊음의 특권이고 젊은 시절 해야 할 일이다. 파릇파릇한 청년 시절에 안정성 하나만을 보고 공직에 들어온다면 내 길을 찾는 방황의 기회조차 잃어버린 채 속절없이 60세 퇴직의 순간이 사형선고일처럼 다가올 것이다. 필자가 10년 이상 일하며 몸소 겪은 사실이고 매년 퇴직하는 수많은 선배 공무원들의 안타까운 뒷모습에서 목격한 애끓는 증언이다.

2장

9급 공무원의 소득

수입

$$\textbf{1}$$

영끌해서 월급 200만 원
이 돈으로는 살아갈 수 없다

공무원의 진짜 월급. 도대체 얼마야?

당신은 왜 공무원이 되고자 하는가? 꿈이 있어 공무원이 되고자 하지는 않을 테다. 아마도 안정성? 잘리지 않으니까? 평생 굶어 죽을 일은 없으니까? 공무원이 되고자 하는 이유야 어떻든 그 직업을 통해 내가 벌어들일 수 있는 소득은 반드시 알아야 한다. 볼펜 하나를 사도 백지에 여기저기 써보고 사는데 내 평생 직업을 선택하는 중차대한 순간에 경제적 문제를 도외시한다는 건 말이 안 된다. 사람이 직업을 가지는 이유는 돈을 벌기 위해서다. 돈을 벌어야 살아갈 수 있다. 얼마나 많은 경제적 이득을 보장하느냐가 그 직업의 사회적 위치를 결정한다. 9급 공무원을 직업으로 고려하고 있다면 당연히 9급 공무원의 경제적 위치를 정확하게 알고 있어야 한다.

■ 공무원보수규정 [별표 3] 〈개정 2023. 1. 6.〉

일반직공무원과 일반직에 준하는 특정직 및 별정직 공무원 등의 봉급표(제5조 및 별표 1 관련)

(월지급액, 단위: 원)

계급·직무등급 / 호봉	1급	2급	3급	4급·6등급	5급·5등급	6급·4등급	7급·3등급	8급·2등급	9급·1등급
1	4,261,100	3,836,000	3,460,900	2,966,200	2,650,700	2,186,800	1,962,300	1,805,100	1,770,800
2	4,410,400	3,978,300	3,588,900	3,087,300	2,757,800	2,288,500	2,051,800	1,863,600	1,789,800
3	4,563,600	4,122,500	3,720,800	3,210,400	2,869,100	2,393,400	2,146,600	1,924,200	1,821,500
4	4,720,200	4,268,100	3,853,600	3,336,400	2,984,600	2,500,600	2,246,200	2,015,700	1,865,700
5	4,880,600	4,415,700	3,988,600	3,464,100	3,103,200	2,611,000	2,349,400	2,110,800	1,922,300
6	5,042,900	4,563,500	4,124,900	3,593,100	3,224,200	2,724,500	2,455,000	2,208,200	1,992,800
7	5,207,700	4,713,300	4,262,800	3,723,100	3,347,000	2,838,300	2,561,300	2,305,900	2,081,300
8	5,373,800	4,862,800	4,401,100	3,853,900	3,471,400	2,952,500	2,668,400	2,399,900	2,166,600
9	5,542,300	5,013,400	4,540,500	3,985,100	3,596,200	3,067,000	2,770,200	2,489,500	2,248,300
10	5,711,800	5,163,800	4,679,800	4,116,100	3,721,900	3,174,400	2,867,400	2,574,300	2,326,900
11	5,880,900	5,315,000	4,819,400	4,248,300	3,839,300	3,276,300	2,959,100	2,656,400	2,401,800
12	6,055,700	5,471,400	4,964,100	4,372,700	3,952,600	3,376,600	3,049,200	2,736,600	2,476,400
13	6,231,500	5,628,700	5,098,500	4,489,000	4,060,100	3,470,900	3,134,700	2,813,700	2,547,800
14	6,407,800	5,771,100	5,223,400	4,597,600	4,160,300	3,560,000	3,216,400	2,887,400	2,617,200
15	6,561,800	5,902,400	5,338,400	4,699,800	4,255,000	3,645,700	3,294,500	2,958,100	2,683,500
16	6,698,600	6,022,700	5,445,700	4,796,300	4,344,100	3,725,900	3,368,300	3,026,500	2,747,600
17	6,819,900	6,133,500	5,545,400	4,885,900	4,427,900	3,802,400	3,439,200	3,090,300	2,810,300
18	6,927,900	6,234,700	5,638,000	4,969,500	4,507,000	3,874,800	3,507,000	3,152,100	2,868,600
19	7,024,600	6,328,300	5,723,700	5,047,600	4,581,600	3,943,500	3,570,900	3,211,500	2,926,000
20	7,111,300	6,413,600	5,804,000	5,120,600	4,651,500	4,008,100	3,631,700	3,268,100	2,980,700
21	7,191,200	6,491,600	5,878,300	5,188,800	4,717,200	4,070,200	3,689,800	3,322,100	3,032,400
22	7,262,300	6,563,200	5,947,100	5,252,800	4,778,900	4,128,700	3,744,500	3,374,000	3,081,900
23	7,322,500	6,628,700	6,010,600	5,312,900	4,837,300	4,183,500	3,797,600	3,423,400	3,129,200
24		6,682,200	6,070,000	5,369,600	4,891,700	4,235,800	3,847,800	3,471,100	3,174,500
25		6,733,400	6,118,600	5,421,300	4,943,200	4,285,500	3,895,400	3,516,400	3,217,800
26			6,165,200	5,465,200	4,991,700	4,332,500	3,941,200	3,560,200	3,256,900
27			6,208,300	5,505,600	5,032,000	4,377,100	3,979,700	3,596,800	3,290,500
28				5,544,300	5,070,600	4,414,500	4,015,700	3,632,000	3,322,900
29					5,106,100	4,449,500	4,050,500	3,665,400	3,354,200
30					5,140,600	4,484,100	4,083,800	3,697,600	3,384,600
31						4,516,100	4,115,000	3,728,900	3,414,500
32						4,546,300			

9급 공무원을 위한 나라는 없다

먼저 공무원 봉급표를 중심으로 9급 공무원의 월급을 차근차근 살펴보자. 표가 너무 복잡해 머리가 지끈지끈 아파지겠지만 생각보다 쉽다. 가로줄은 계급이고 세로줄은 호봉이다. 아마 호봉이란 표현이 낯설 것이다. 호봉은 각 직급에서 나누어지는 경력의 단계를 말한다. 9급 공무원이라고 다 같은 9급 공무원이 아니고 그 9급 내에서도 근무경력에 따라 계급을 나누는 것이다. 근무경력은 1년 단위로 산정하는데 9급으로 이제 막 공무원 생활을 시작하는 사람은 1호봉, 1년이 지난 사람은 2호봉, 2년이 지난 사람은 3호봉 이런 식이다. 그리고 이 호봉에 따라 보수를 다르게 지급한다. 호봉은 근무만 하면 1년마다 자동으로 올라간다. 1년 동안 얼마나 업무를 열심히 했는지 어떤 성과를 냈는지에 좌우되지 않는다. 그냥 1년 근무만 하면 무조건 올라간다.

그런데 이 봉급표에 숨겨진 함정이 하나 있다. 진급하면 호봉을 하나 내린다는 점이다. 9급 3호봉 공무원이 8급으로 진급하면 8급 2호봉이 된다. 공무원들한테 돈 주기 싫으니까 별 이상한 규정을 다 만들어놨다 싶다. 이런 어이없는 규정이 있는 이유는 진급 전의 경력을 진급 후 경력으로 그대로 인정하기에는 무리가 있어 조정하는 것이라고 한다. 무슨 말인가 하면 9급 3호봉 직원이 진급해서 8급이 되면 당신이 근무한 그 기간의 경력은 '9급'으로서 얻은 경력이지 '8급'으로서 얻은 경력은 아니지 않느냐. 이제 8급으로 진급했으니 8급의 계급에 맞는 일을 해야 하는데

9급으로서 일한 경력을 전체 다 인정해줄 수는 없다는 뜻이다. 말도 안 되는 논리다. 당연히 받아들이기 힘들지만, 규정이 그렇기에 어쩔 방법은 없다.

본격적으로 봉급표를 살펴보자. 9급 공무원 월급은 말 그대로 처참한 수준이다. 9급 1호봉 177만 800원. 어이가 없어 말이 나오지 않는다. 더 심각한 건 진급을 거듭해 위로 올라가도 한숨만 나오는 금액이라는 것이다. 공무원의 황혼기에 접어들어 받는 돈도 3~4백만 원 수준이다. 이 월급으로는 도저히 정상적인 삶을 영위할 수 없다. 과장해서 말하면 기초 생활보장 수급자보다 약간 나은 수준이라고 볼 수 있다.

정상적인 사회인으로 살아갈 수 없는 돈

예를 들어보자. 이제 막 서울시 9급 공무원이 된 26살 A씨는 9급 1호봉으로서 177만 원의 월급을 매달 수령한다.(177만 원이란 금액은 세전 기준이다. 각종 세금과 공무원 연금을 제하면 실질적으로는 20~30만 원가량 더 적은 금액이 통장에 들어온다) A씨는 부모의 경제적 지원을 받지 못한다고 가정한다.

일단 먹고 사는 게 먼저다. 살 집이 있어야 한다. 원룸 월세 비용으로 50만 원 가량을 가정한다. 127만 원이 남았다. 밥도 먹어야 한다. 통계청과 한국농촌경제연구원에서 발표한 2022년 3~4분기 1가구(4명 기준) 식품비 지출액은 월 평균 83만 2438원이다. 정말 아끼고 산다고 치고 대충 1인당 20만 원이라고 추정하자. 107만 원이 남았다. 출퇴근도 걸어서 할 수는 없는 일이다. 최대한 아끼더라도 한 달에 7만 원은 교통비로 나간다. 말 그대로 생존만 하는 조건으로 77만 원이 날아가고 100만 원만 남았다. 이제 100만 원으로 모든 것을 해결해야 한다. 가끔 술 한잔도 하고, 싶고 외식도 해야 하고, 사고 싶은 물건이 있으면 사야 한다. 그러고 보니 생필품을 빼놓았다. 휴지도 샴푸도 비누도 세제도 사야 할 것 아닌가? 계절 바뀌면 옷도 사야 한다. 때 되면 여행도 가야 한다. 유럽은 못 가도 어디 일본이나 중국이라도 1년에 한번 정도는 가고 싶은데 과연 가능할까? 저축은 어떡하나? 아무런 미래 없이 밑 빠진 독에 물 붓듯이 저축 안하고 무책임하게 살 수는 없다. 결혼자금도 마련해야 한다. 가족행사도 있다. 부모님 생신, 어버이날에는 뭐 하나라도 사드려야 될 것 아닌가. 사랑하는 애인이 있다면 선물도 사주고 데이트도 해야 한다. 더 나열할 필요가 있는가? 이 월급으로는 도저히 해결할 수 없다. 2023년 현재 대한민국 국민으로서 정상적인 사회생활을 할 수 없는 돈이다.

공무원은 수당이 많다고 하던데?
수당은 수당일 뿐이다

누군가는 공무원은 여러 가지 수당이 있지 않느냐고 말하는데, 이 또한 공무원에게 큰 도움이 되지는 않는다. 수당을 종류별로 하나하나씩 파헤쳐 보겠다.

(초과근무수당과 정액급식비, 출장수당에 대해서는 다음 파트에서 따로 설명한다.)

1. 직급보조비: 9~8급 175,000원 / 7급 180,000원 / 6급 185,000원

2. 명절수당: 월급의 60%, 설날과 추석에 지급

3. 연가보상비: 연가(휴가)를 사용하지 않았을 경우 지급

   - 산정공식: 월급의 86% × 1/30 × (총 연가일 수 - 연가 사용일 수)

4. 정근수당: 근무경력에 따라 매년 2회 지급하는 수당

5. 초과근무수당: 초과근무 시간에 따라 지급하는 수당

   - 시간당 단가(9급 9,185원 / 8급 10,162원 / 7급 11,319원)

6. 정액급식비: 초과근무를 할 경우 식사비로 지급하는 수당

   - 초과근무 1회당 8,000원 지급(월 최대 20회까지 지급)

7. 출장수당: 출장을 나갈 경우 지급하는 수당

   - 출장시간 4시간 미만 1만원, 4시간 이상 2만원 지급

첫 번째로 직급보조비다. 해당 직급에서 원활하게 업무를 수행하라고 주는 돈이다. 구체적인 이유 없이 그냥 주는 돈이다. 매달 지급되며, 이 돈을 받기 위한 조건이 없으므로 사실상 월급의 일부라고 봐도 된다.

두 번째로 명절수당이다. 명절 잘 보내라고 주는 돈이다. 1년에 2회 설날과 추석에 지급되며, 월급의 60%이므로 9급 1호봉 기준으로 1,062,000원이다. 1년으로 따지면 연 2번 지급되니까 곱하기 2를 해서 2,124,000원이다.

세 번째로 연가보상비다. 연가는 휴가를 의미한다. 공무원이 매년 쓸 수 있는 연가(휴가)일수는 정해져 있다. 공무원 재직기간에 따른 연가일 수대로 연가를 쓸 수 있는데, 이제 막 들어온 신규직원은 1년에 11일을 휴가로 사용할 수 있으며 재직기간 6년이 넘으면 21일까지 쓸 수 있다. 워라밸 트렌드에 맞춰 연가를 장려해도 모자랄 판에 연가를 쓰지 않으면 돈을 주고 있으므로 상당히 구시대적인 제도라고 볼 수 있다. 게다가 연 가보상비 산정기준이 월급에 비례하도록 만들어졌기 때문에 40~50대의 공직경력이 오래된 관리자들이 더 많은 돈을 받는다. 따라서 돈을 받기 위해 관리자들이 연가를 사용하지 않는 사태가 일어난다. 관리자가 연가 를 많이 안 쓰니까 실무직원들도 연가 사용에 눈치를 보는 악습이 되풀 이된다. 불합리한 제도에 관한 이야기는 일단 차치하자. 9급 2호봉 직원

이 연가를 절반만 사용했다고 가정해본다. 연가보상비 산정공식에 대입해보면,

{월급의 86% * 1/30 * (총 연가일수 − 연가 사용일 수)}이므로,
{1,789,800원 * 1/30 * (12일 − 6일)} = 357,960원이다.

네 번째로 정근수당이다. 근무연수에 따라 지급된다. 오래 근무하면 많이 지급되는데 오랜 기간 공직에서 수고한다는 격려의 의미로 주는 돈이다. 최소 1년은 근무해야 지급되며, 지급액은 월급의 5%다. 지급 시기는 1년에 2번, 1월과 7월이다. 9급 공무원으로 입사한 지 1년이 지난 9급 2호봉 공무원 기준으로 계산하면, 9급 2호봉 월급인 1,789,800원의 5%인 89,490원이다. 연봉으로 따지면 1년에 2번이니까 178,980원이다.

1년 단위로 한눈에 알아보기 위해 직급보조비와 명절수당, 연가보상비, 정근수당을 9급 2호봉 기준으로 합쳐본다.

직급보조비 (175,000원 * 12개월= 2,100,000원)
명절수당 (1,062,000원*1년에 2번 = 2,124,000원)
연가보상비 (357,960원*1년에 1번 = 357,960원)
정근수당 (89,490원*1년에 2번 = 178,980원)

총합계: 2,100,000원 + 2,124,000원 + 357,960원 + 178,980원

　　　　= 4,760,940원

1년 총 합쳐 476만 원의 돈. 12개월로 나누면 39만6천 원. 한 달에 약 40만 원. 9급 2호봉 본봉이 189만 원이므로 40만 원을 더하면 229만 원이다. 어떤가? 그래도 조금 살 만해졌다고 생각이 드는가? 전혀 그렇다고 볼 수 없다. 게다가 우리가 계산한 본봉 189만 원은 세전 기준이다. 공무원연금 기여금과 각종 세금 약 20~30만 원을 제해야 한다. 결국 실제로 9급 공무원 2호봉이 받는 월급은 약 200만 원이다. 2023년 노동 최저임금은 시급 9,620원에 주 40시간 근무 기준으로 월급 2,010,580원이다. 최저시급으로 따진 월급과 딱 같은 수준이다. 공무원이 아르바이트보다 더 많은 노동량을 감수해야 하고 시간도 더 많이 소비해야 함은 말할 것도 없다.

진급해도 사정은 달라지지 않는다

어떤 사람은 이렇게 반론할 수도 있다. 평생 9급 공무원이냐고 말이다. 5년이 지나고 10년이 지나면 8급도 되고 7급도 되고 호봉도 당연히 올라갈 텐데 이제 막 입사한 9급 1호봉 월급 가지고 우는소리 하는 것은 사리

에 맞지 않는다고 말이다. 하지만 이것은 공무원 월급 체계를 제대로 몰라서 하는 말이다. 공무원 봉급표를 다시 한번 보자. 7급 5호봉 월급이 250만 원이 채 안 된다. 7급이 되려면 최소 4~5년의 시간은 지나야 7급이 될 수 있다. 이것도 아주 고속승진의 경우다. 대부분은 7~8년이 소요된다. 30살에 입사한 직원이 37~38살이 되었는데 250만원에 수당 몇 십만 원 합쳐서 300만 원 가지고 살아야 한다는 말이 된다.(계속 말하지만 세전 기준이다. 실수령은 20~30만 원 가량 더 적다.) 이 돈으로 결혼하고 자녀를 낳고 가정을 이루어 살아갈 수 있다고 보는가? 나이든 부모님을 봉양할 수 있다고 보는가? 딱 내 앞가림만 할 수 있는 돈이다.

국가 차원에서 정상적으로 살아가기 어렵다고 공증하여 오롯이 국가의 돈으로 생활을 유지하게 해주는 복지대상자를 기초생활보장 수급자라고 한다. 이분들은 노동을 하고 싶어도 할 수 없는 분들이기 때문에 국가에서 1인 기준으로 월 110만 원가량의 돈을 지원하면서 가장 기본적인 삶을 영위해 나갈 수 있도록 도와준다. 아무 일도 안 하고 110만 원을 받는 기초생활보장 수급자와 각종 업무 스트레스와 꽉 막힌 조직문화에서 고생하는 9급 공무원의 차이가 고작 100만 원이다. 그리고 안타깝게도 시간이 지나 호봉이 오르고 진급한다 해도 월급은 크게 차이 나지 않는다. 그 증거는 굳이 멀리 갈 것도 없다. 필자의 월급 실수령액이 250만 원이 채 되지 않는다. 필자는 9급 공무원으로 입사하여 12년 넘게 근무하고 있는 7급 공무원이다.

〈필자의 2023년 월급 수령액 내역〉

급여내역		공제내역				실제수령액 2,297,020원
3,019,100원		722,080원				
봉급	정근수당 가산금	소득세	지방소득세	건강보험	연금기여금	
2,959,100	60,000	154,180	15,410	168,370	384,120	

각종 수당이 더해지지 않은 본봉과 그 세금 공제내역만 나타내는 월급표지만 이 작은 표에서 처참한 공무원의 현실을 그대로 목도할 수 있다. 공무원 임직 12년차, 가장 활발하게 경제활동을 하는 30대 중후반~40대 초반의 나이에 이 월급으로 살아가야 한다는 현실. 이것이 바로 9급 공무원의 발가벗겨진 모습이다. 이 월급표 앞에서 그 누가 공무원은 국가를 위한 봉사자의 마인드를 가져야 하고 사명감으로 일해야 한다라고 말할 수 있을까. 수당을 모두 합쳐봐야 월 단위로 60만 원, 본봉과 합쳐 300만 원이 채 되지 않는다.

공공기관에는 '생활임금'이라는 제도가 있다. 최소 이 정도 돈은 있어야 가족을 부양하고 문화생활도 즐기는 등 인간으로서 존엄성을 유지하고 최소한의 인간다운 삶을 누릴 수 있다고 각 지방자치단체에서 규정한

임금액이다. 서울시에서는 시에서 직접 고용하는 각종 계약직이나 임시직 직원들에게 생활임금을 준용하여 월급을 지급한다. 생활임금은 당연히 최저임금보다 더 높은 액수로 규정되어 있다. 쉽게 말해 '이 정도 돈은 벌어야 정상적인 시민으로서 살아갈 수 있다'고 공식적으로 규정한 임금액이다. 올해 서울시에서 규정한 2024년도 생활임금은 시간당 11,436원. 월 소정 근로시간인 209시간(주당 40시간)을 근무하면 총 239만 원이다. 9급 공무원 월급보다 훨씬 많다. 9급 공무원 본봉에 이것저것 수당까지 다 합쳐봐야 세금 제하고 월급 200만 원이다. 생활임금액보다 39만 원이나 적은 안타까운 현실. 국가에서 공식적으로 9급 공무원 월급으로는 정상적으로 이 나라에서 살아갈 수 없다고 인정한 꼴이다.

저축할 수 없고, 연애도 할 수 없고, 결혼과 출산은 꿈도 꿀 수 없으며, 딱 나 혼자만의 삶을 근근이 누려 나갈 수밖에 없는 정도의 월급. 이것이 9급 공무원의 처참한 현실이다. 이 돈으로는 정상적인 시민으로서의 삶을 도저히 영위할 수 없음이 분명하다. 이 정도 돈은 그 어떤 일을 해서라도 벌 수 있다. 미래가 있는 것도 아니다. 9급 공무원에 도전하고자 하는 이가 있다면 다시 한번 심각하게 생각하길 바란다. 나 자신의 소비수준을 철저히 객관화해서 과연 내가 이 월급 수준으로 평생 살아갈 자신이 있는지 확실히 검증할 필요가 있다.

②

초과근무수당과 출장여비
당연히 받는 돈이 아니다

초과근무수당과 출장여비가 있어 괜찮다?

박봉에 시달리는 공무원에게도 숨겨진 비장의 카드가 있다. 바로 초과 근무수당과 출장수당이다. 이 부분에 대해서는 설명할 내용이 많으므로 별도 파트로 분류했다.

인터넷 커뮤니티에서 9급 공무원 월급에 대해 논쟁하는 경우를 가끔 볼 수 있다. 이때 빠지지 않고 언급되는 내용이 바로 초과근무수당과 출 장수당이다. 9급 공무원이라는 직업을 좋게 생각하든 나쁘게 생각하든 많은 사람이 이 수당에 대해 다음과 같이 생각하고 있다.

'공무원은 초과근무수당과 출장수당을 엄청 많이 받는다. 본봉은 적을 지 몰라도 초과근무수당과 출장수당이 있으니 충분히 보완된다. 9급 공무원들 우는소리 하면 안 된다.'

결론부터 이야기하면 이는 완전히 틀린 말이다. 초과근무수당과 출장 여비는 공무원 경제소득에 큰 도움이 되지 못한다.

초과근무수당이란?

우선 초과근무수당과 출장여비의 정의부터 알아본다. 초과근무수당은 9시부터 18시까지 정규근무시간 이외에 추가로 근무했을 경우, 시간 단위로 지급하는 돈이다. 출장여비는 사무실 밖으로 출장을 나갔을 때 주는 돈이다.

먼저 초과근무수당 지급기준은 다음 표와 같다.

직종	계급 · 직무등급	시간외(시간당)	야간(시간당)	휴일(일당)
일반직 · 특정직 (외무 · 군무원) · 별정직	5급 · 5등급	14,692	4,897	118,099
	6급 · 4등급	12,531	4,177	100,726
	7급 · 3등급	11,319	3,773	90,985
	8급 · 2등급	10,162	3,387	81,685
	9급 · 1등급	9,620	3,062	76,960

출처: 인사혁신처 공무원 보수 등의 업무지침

일관되게 9급 기준으로 알아본다. 또 어려워 보이는 표가 나왔다. 하지만 우리가 볼 내용은 딱 2개다. 계급과 시간 외(시간당) 열만 보면 된다. 야간과 휴일근무수당은 생각하지 않아도 된다. 야간과 휴일근무수당은 '현업공무원'에게만 적용된다. '현업공무원'이란 주말이나 야간에만 근무하는 공무원을 의미한다. 쉽게 말해 교대 근무하는 공무원이라고 생각하면 된다. 예를 들어 공공박물관 같은 곳은 야간이나 주말에도 근무할 공무원이 필요하다. 이런 근무지에서 특수한 목적으로 교대 근무하는 공무원을 현업공무원이라고 하여 초과근무수당 단가를 별도로 산정한다. 우리가 생각하는 일반적인 행정공무원에게는 해당 사항이 없으므로 신경써서 볼 필요는 없다.

2023년 9급 공무원의 초과근무 시간당 단가는 9,620원이다. 그런데, 100시간 초과근무한다고 해서 9,620,000원을 받을 수 있는 것은 아니다. 공무원 수당규정에 따라 월 최대 67시간까지만 초과근무를 인정해주기 때문이다. 그래서 지난 코로나19 사태 때 이 규정이 사회적으로 많은 문제가 되었다. 당시 공무원들은 쏟아지는 코로나 업무로 월 100시간씩 근무하면서 과중한 업무에 시달렸다. 그런데 초과근무를 67시간까지만 인정을 해주다 보니 일한 시간에 비해 제대로 수당을 챙겨 받을 수 없었다. 불합리한 규정이라는 것이 만천하에 드러났지만, 아직 정부의 규정 개정 의지는 전혀 없다.

더 어이없는 점은 공공기관마다 시간 인정 제한이 제각각이라는 것이다. 규정이 '67시간까지 인정할 수 있다'로 되어 있기 때문에 기관 입장에서는 67시간을 꼭 다 인정해주지 않아도 된다. 그래서 어느 지방자치단체는 67시간까지 인정을 해주는 반면에 어떤 공공기관은 30시간만 인정해주고 하는 식이다. 이는 기관마다 가지고 있는 예산 여력이 다르기 때문에 벌어지는 일이다. 어느 곳에서 근무하든 열심히 일만 할 뿐인 공무원 입장에서는 불합리하기 짝이 없다.

단가금액도 공무원들의 화를 돋운다. 9급 공무원 초과근무 1시간 단가 9,620원은 최저임금과 똑같다. 최저임금은 말 그대로 최저임금이다. 가장 낮은 수준의 노동에 지급하는 돈이 최저임금인데 공무원의 초과근무가 그 수준으로밖에 인정을 못 받고 있다. 초과근무라 함은 정상근무시간을 모두 마치고 나서 추가로 일하는 시간이기에 평시 근무보다 더 심대한 정신적 육체적 피로가 수반된다. 상황이 이러한데도 9급 공무원의 초과근무시간 단가가 최저임금과 같다는 사실은 이 나라가 얼마나 공무원을 하찮게 취급하는지 간접적으로 알 수 있게 해준다.

초과근무수당 받으려고
저녁도 주말도 없이 일만 할래?

그러면 구체적으로 9급 공무원이 매달 받을 수 있는 초과근무수당액을 계산해 보자. 9급 공무원이 매월 초과근무 67시간을 가득 채워 근무하면 9,620원 * 67시간 = 644,540원이 된다. 여기서 초과근무 67시간은 실제로 초과근무한 시간과 정액지급분 초과근무시간으로 분류된다. 정액지급분은 공무원 수당규정에서 사용되는 용어인데, 쉽게 설명하면 초과근무를 따로 안 해도 그냥 공짜로 주는 초과근무시간이다. 실제로 10시간 초과근무하지 않았지만 그냥 10시간 초과근무한 것으로 인정해준다는 이야기다. 이렇게 10시간을 공짜로 초과근무했다고 인정해 주는 이유는 실제 아무런 초과근무를 하지 않은 공무원이 있다 하더라도 매일 09:00에 출근하여 18:00에 칼같이 퇴근하는 공무원은 없기 때문이다. 때로는 점심시간에 갑자기 일이 생겨서 업무를 볼 수도 있고, 퇴근 시간 이후에도 칼퇴근을 못 하고 이것저것 정리하느라 18:30분에 퇴근할 수도 있다. 이러한 경우가 다반사다. 이런 자질구레한 시간을 일일이 초과근무시간으로 정확하게 데이터화할 수 없기 때문에 무조건 10시간은 초과근무한 것으로 인정을 하고 여기에 정액지급분이라는 이름을 붙여 공짜로 인정해주는 것이다.

결론적으로 67시간 중의 10시간은 공짜로 주는 정액지급분이니까 실제 초과근무시간은 57시간만 하면 모든 초과근무시간을 채울 수 있다는 이야기가 된다. 그런데 여기에 또 함정이 있다. 하루에 초과근무할 수 있는 시간은 4시간으로 제한되어 있다는 것과 하루 초과근무시간 중에 1시간은 초과근무로 인정하지 않는다(공제한다)라는 규정이다. 이 말인즉슨 오늘 반드시 끝내야 하는 일이 있어서 새벽 1시까지 야근을 했다 하더라도 18:00부터 새벽 1시까지 7시간의 초과근무시간을 인정해 주는 것은 아니라는 뜻이다. 새벽 1시까지 야근하든 새벽 2시까지 야근하든 무조건 4시간만 인정한다. 그리고 공제한다는 말은 4시간을 초과근무했어도 1시간은 공제하고 3시간 초과근무했다는 것으로 취급한다는 뜻이다. 결국 하루에 인정해주는 최다 초과근무시간인 4시간을 인정받으려면 실제로는 5시간을 초과근무해야 한다.

67시간 중 정액지급분인 10시간을 제외한 57시간을 모두 채워서 644,540원의 돈을 가져가려면 공무원의 실제 근무시간은 어떻게 될까? 한 달을 30일로 가정해본다. 57시간을 30일로 나누면 하루에 약 2시간씩 초과근무해야 한다. 하지만 초과근무시간 산정 시 하루에 한 시간이 기본 공제되므로 실제 초과근무시간은 하루에 3시간이다. 결국 09:00에 출근해서 21:00에 퇴근하는 생활을 한 달 내내 해야 한다는 소리다. 방법을 달리해서 아침에 일찍 나오고 저녁에 빨리 퇴근해도 되기는 한다. 하지만 어쨌든 출퇴근 시간 이외에 3시간을 추가로 사무실에서 근무해야 한다. 물론 주말도 포함이다. 그러니 쉬는 날은 없는 셈이다. 평일에는 밤 9시까지 근무하고, 주말에도 단 하루도 쉬지 못한 채 출근하여 3시간씩 일해야 하는 삶. 이걸 사람의 삶이라고 할 수 있겠는가? 이렇게까지 해서 월 644,540원의 돈을 가져갈 가치가 있는 것일까. 또 가져간들 내 시간을 모두 업무에 바치는 꼴이 되는 데 무슨 의미가 있을까.

공무원은 초과근무수당을 많이 받으니까 월급을 많이 받는 편이라고 주장하는 사람에게 필자는 이렇게 말하고 싶다.

"공무원은 기생충이 아니다."

영화 기생충에서는 거대호화저택을 떠나지 못하고 지하 공간에서 평생을 보내는 사람들이 주인공으로 나온다. 공무원이 시청 구청에서 출근도 퇴근도 못 하고 계속 사무실에서 먹고사는 기생충들인가? 공무원이 이렇게 기생충처럼 근무해서 월 644,540원의 돈을 계속 가져간들 그 돈은 아무런 의미도 없다. 이 직원이 정상적으로 가정을 꾸릴 수 있을까. 아이를 낳아 키울 수 있을까. 운동을 할 수 있을까. 아무것도 할 수 없다. 그저 집에서는 잠만 자고 일어나기만 할 뿐이다. 집과 사무실을 왔다 갔다 하는 삶밖에 없는 것이다. 그렇게 해서 가져가는 돈이 월 644,540원. 시간당 최저시급과 같은 돈. 단 하루도 쉬지 못하고 받는 돈. 이 돈은 공무원이 받는 봉급체계에 없다고 보는 게 맞다. 이 돈을 당연히 가져간다는 식으로 이야기하면 안 된다. 이 돈을 가져가는 삶은 인간의 삶이 아니다.

단돈 8천 원으로 밥 먹고 일하라는 나라

초과근무수당과 연계되는 정액급식비라는 수당도 있다. 초과 근무자에게 밥이라도 먹고 근무하라는 의미로 아침저녁 밥값으로 주는 수당이다. 따라서 초과근무를 안 하면 정액급식비도 주지 않는다. 지급기준은 하루에 초과근무 1시간이다. 하루에 초과근무 시간이 최소 1시간만 넘어가면 8,000원 정액급식비를 지급한다. 무한정 지급하는 것은 아니고 월 20회로 제한된다. 어느 정도 초과근무를 많이 했다는 가정 하에 20회를 모두 채우면 8,000원*20(회) = 144,000원의 정액급식비가 나오는데 이 돈을 현금으로 주는 것이 아니고 실비로만 지급한다. 식당에서 밥을 먹었다는 증명서류가 꼭 필요하다. 밥을 먹고 영수증을 끊어 청구해야 한다. 그런데 요새 8000원으로 한 끼를 먹을 수가 있는가? 아마 편의점이나 김밥전문점, 패스트푸드점 말고는 없을 것이다. 8,000원으로 한 끼 해결하기 위해 여기저기 돌아다니며 대충 아무거나 끼니를 해결하는 공무원들이 많다. 이런 비인간적인 처우를 받으면서 공무원의 사기는 떨어질 대로 떨어지고 있다.

출장여비 – 온종일 출장만 다닐 수는 없다

다음으로 출장여비를 살펴보자.

국내 여비 지급표(제10조부터 제13조까지 및 제16조제1항 관련)

(단위: 원)

구분	철도운임	선박운임	항공운임	자동차 운임	일비 (1일당)	숙박비 (1박당)	식비 (1일당)
제1호	실비 (복실)	실비 (1등급)	실비	실비	20,000	실비	25,000
제2호	실비 (일반실)	실비 (2등급)	실비	실비	20,000	실비(상한액: 서울특별시 70,000, 광역시 60,000, 그 밖의 지역은 50,000)	20,000

출처: 공무원 여비규정 별표2

이 표에서도 딱 하나만 보면 된다. 바로 6번째 열에 있는 일비다. 일반적인 행정공무원이 받는 출장수당이 바로 이 일비, 다시 말해 출장여비에 해당한다. 공무원이 사무실 밖으로 출장을 나가면 2시간에 10,000원씩 최대 4시간에 20,000원까지 지급해 주는 돈이다. 출장횟수는 기관마다 다를 수 있지만 보통 월 15회까지만 인정해준다. 무제한으로 인정해주면 공무원들이 이 돈을 노리고 매일 출장만 다닐 것이므로 제한을 걸어두었다. 결론적으로, 하루에 4시간씩 매월 15번 출장을 나가면 한 달기준 300,000원의 출장여비를 받게 된다.

이 돈도 당연히 받는 돈이라고 생각해서는 절대 안 된다. 4시간이라는 시간은 하루 근무시간의 절반에 해당한다. 사무실에서 그날그날 처리해야 하는 업무가 많은데 4시간씩 출장 다녀올 수 있는 직원이 몇이나 되겠는가? 또한, 출장여비는 감사원의 단골 감사대상이다. 실제 출장을 가지도 않아놓고 서류상으로만 출장보고서를 작성하고 출장을 간 것처럼 꾸며 출장여비를 수령하는 경우가 그동안 많았기 때문이다. 감사원에서도 출장여비 부정수급 행태가 많다는 것을 알고 있기 때문에 지난 몇 년간 집중적으로 이 분야에서 감사활동을 펼쳐왔다. 구글에서 검색만 해봐도 감사원의 출장여비 감사보고서 결과와 언론 보도자료 등을 쉽게 찾아볼 수 있다.

그 결과, 대부분 공공기관에서 출장여비 부당수령은 그 자취를 감추었다. 자칫 감사원의 감사에 걸리게 되면 언론에 실려 망신당함은 물론이요, 본인이 받은 출장여비의 몇 배를 반환하고 징계까지 받기 때문에 어지간히 간 큰 공무원이 아니고서야 출장여비를 부당하게 수령하는 행태는 찾아보기 힘들다. 그러므로 이 출장여비도 공무원이 당연히 받는 돈이 아니다. 행정공무원이 출장을 나가는 일 자체가 그리 많지도 않을뿐더러 이 돈을 받으려면 출장보고서를 작성해야 하기 때문에 귀찮기도 하다. 만약 꼼꼼하게 챙긴다면 한 달에 2~3번은 출장여비를 받을 수 있을 텐데 결국 5만원 내외 정도의 돈이다. 실제 생활수준에 큰 변화를 일으킬 정도의 금액은 당연히 아니다.

영끌 200만 원, 이 돈이 전부다

이제 9급 공무원이 받는 돈을 모두 정리해 본다.

9급 2호봉. 월 기준이며, 초과근무수당은 실제 초과근무 월 10시간에 정액지급시간 10시간과 합쳐 20시간 정도로 계산했다.

본봉(월급)	1,789,800	매월 지급(세전)
직급보조비	175,000	매월 지급
명절수당	177,000	월급의 60%, 1년에 2번 지급. 2번 지급한 돈을 모두 합쳐 12개월로 나눈 액수
정근수당	14,915	월급의 5%, 1년에 2번 지급. 2번 지급한 돈을 모두 합쳐 12개월로 나눈 액수
초과근무수당	192,400	월 20시간 기준(실제근무 10시간 + 정액지급분 10시간)
계	2,349,115	

본봉이 세전 기준이기 때문에 실제 받는 돈은 매월 2백만 원 정도다. 2022년도 기준으로 9급 국가직 공무원 최종합격자의 평균연령은 29세였다. 9급 2호봉 기준으로 월급을 계산했으니, 이 월급표를 받아든 9급 공무원은 군대를 갔다온 남성이라면 이제 막 입사한 29세의 신규직원이겠고(군대 기간을 호봉 경력 기간에 산입해 주기 때문), 여직원이라면 30세

의 2년차 직원일 것이다. 그 어려운 9급 공무원 시험을 뚫고 합격한 사람들이 이 월급을 받고 어떤 생각이 들까? 평생을 공직에 종사하고 싶다는 마음이 들지 않을 것이다. 대한민국 사회에서 30세가 누려야 하는 소비 수준은 생각보다 높다. 이 돈으로는 턱도 없다. 아무것도 할 수 없는 돈이다. 더구나 공무원이 되기 위해 몇 년 동안 고통스럽게 공부하며 시간 쓰고 돈 들인 기회비용을 생각한다면 더욱 그렇다.

(3)

공무원 연금도 풍비박산
65세부터 한 달에 177만 원

많이 내고 적게 받는, 그리고 늦게 받는 공무원 연금

공무원 연금제도는 공무원에게 장점일까 단점일까.

필자가 고심 끝에 내린 결론은 이렇다.

'과거에는 장점이었지만 지금은 단점이다.'

공무원들의 마지막 보루였던 연금제도는 2015년 공무원 연금 대개혁으로 완전히 무너졌다. 국민연금이나 민간연금으로 노후를 대비해야 하는 일반 국민보다도 상황이 좋지 않다.

납입금 부담도 늘어났다. 현재 공무원들은 매달 월급에서 연금 보험료율 18%를 공제한다. 국민연금 보험료율인 9%와 두 배나 차이가 나며, 공무원이라는 이유로 기초연금 대상도 되지 않는다. 과거 적게 내고 많이 받던 공무원 연금제도를 생각하면 안 된다. 이제 공무원 연금은 '많이 내고, 적게 받는, 그리고 늦게 받는 연금'이 되었다. 퇴직만 하면 한 달에 300만 원 이상의 금액을 우습게 가져가던 꿈같은 시절은 지나갔다. 현 제도 하에서 9급 공무원은 재직 중에는 서민으로 살고, 퇴직하면 빈곤층으로 살게 된다.

현재 9급 공무원들은 퇴직 후 얼마를 받게 되는가?

그렇다면, 얼마나 공무원 연금이 박살 났는지 구체적으로 알아보자. 9급 공무원으로 30년 일하고 퇴직하면 도대체 연금을 얼마나 받게 될까? 공무원 연금 계산식은 다음과 같다.

연금액 = 평균기준소득월액 X 재직기간별 적용비율 X 재직기간
X 연금지급률

공식을 봐도 무슨 말인지 전혀 알 수가 없다. 차근차근 용어 뜻부터 살펴본다.

우선, '평균기준소득월액'이란 공무원 연금 가입 기간의 월평균 보수액을 말한다. 한마디로 내가 공무원으로 재직하는 동안 받아왔던 월급의 평균값이라고 생각하면 편하다. 다만, 이 월급에는 초과근무수당, 연가보상비, 성과급 등 각종 수당은 빠진다.

재직기간별 적용비율은 공무원연금법에서 정한 일정 비율이다. 공무원으로 10년 근무했으면 82%, 20년이면 92%, 30년이면 101%를 적용한다. 오래 근무할수록 비율이 높아져 금액이 많아지는 것을 알 수 있다.

재직기간은 말 그대로 공무원으로 재직한 기간을 말한다. 연 단위로 계산한다.

연금지급률은 공무원연금법에서 정한 일정 비율이다. 현재는 1.7%로 계산하면 되며, 관련 법령이 개정되면 언제든지 바뀔 수 있다.

결국, 공무원 연금액 산출에 있어 가장 중요한 요소는 평균기준소득월액이다. 평균기준소득월액이 높아야 연금도 높아지는데 9급 공무원은 대부분 6급이나 5급으로 퇴직하게 되므로 평균기준소득월액이 대단히 높을 수는 없다. 일단 30년 근무하고 6급으로 퇴직한다고 계산해 보자. 정밀하게 계산하려면 30년 재직기간 동안 9급으로 몇 년 일했고 8급으로 몇 년 일했고 세부적으로 나누어서 평균소득을 내야 하지만 지금은 어림잡아 가장 쉽게 첫 월급과 마지막 월급으로 평균을 내 보겠다. 9급 1호봉 첫 월급이 190만 원. 6급 30호봉 월급 500만 원(물가 상승 고려)으로 놓고 더해서 평균을 내면 345만 원이다.

그렇다면 이 사람이 퇴직 후에 매달 받는 공무원 연금은,

$$3{,}450{,}000 * 1.01 * 30 * 1.7 = 1{,}777{,}095원$$

30년 일하고 퇴직해 1,777,095원의 연금을 받게 되는 최악의 사태를 목도할 수 있다. 물론 어림잡아 계산했으므로 실제 받을 수 있는 금액의 차이는 당연히 있겠으나 그 차이가 대단히 크지는 않을 것이다. 아무리 긍정적으로 본다 해도 200만 원 안짝에서 연금액이 결정 난다고 볼 수 있겠다. 바야흐로 100세 시대에 매달 177만 원가량의 돈으로 어떻게 살아가야 할지 눈앞이 깜깜하다. 노년 생활은 각종 병원비가 있어 생계비 부담이 더욱 크다. 이 돈으로는 절대 안전한 노후생활이 보장되지 않는다. 300~400만 원가량의 연금을 받으며 생활하던 50~70년대생 시니어 공무원들과는 사정이 전혀 다르다.

퇴직 후 5년 동안 손가락만 빨면서 버텨야 한다

더 큰 문제점은 이 쥐꼬리만 한 돈마저 공무원 퇴직 연령인 60세가 아니라 '65세'부터 받는다는 점이다. 1년도 아니고 5년을 아무 소득 없이 살아야 한다. 2021년 기준 우리나라 국민 평균 결혼연령은 남자 33세 여자 31세다. 공무원 퇴직연령인 60세쯤이면 자녀가 대학생이거나 고등학생일 가능성이 크다. 가장 돈이 많이 들어갈 시기에 퇴직하는데 무려 5년간이나 아무 소득 없이 생활해야 하는 막막한 상황이 벌어진다.

한번 상상해 보자. 60세 나이 들어 퇴직했는데 자녀들은 아직 대학생이다. 대학 등록금도 내주고 뒷바라지도 해줘야 하는데 퇴직수당 7~8천만 원 겨우 가지고 나올 수 있을 뿐 연금은 5년 후에나 받을 수 있다. 심지어 고령의 부모님이 아직 생존해 계실 수도 있다. 내 몸이라도 안 아프면 다행인데 60세 나이에 아픈 데 없는 사람은 없다. 다시 일자리를 찾아 돈을 벌고 싶은데 30년 공무원 경력 어디서 알아주지도 않고 불러주는 데도 있을 리 만무하다.

공무원이 박봉이긴 하지만 노후에 짱짱하게 연금 받으며 유유자적할 수 있어 좋다는 말은 이제 사라져야 한다. 최근에 퇴직했거나 앞으로 10년 안에 퇴직할 시니어 공무원에게만 해당하는 말이다. 현재 9급 공무원으로 임용되는 신규 공무원들은 절대 공무원 연금을 믿어서는 안 된다. 연금만 믿고 있어서는 빈곤에 찌든 비참한 노년 생활만이 기다리고 있을 뿐이다.

아직 끝나지 않았다.
더 박살 날 예정인 공무원 연금

그런데 놀라지 마시라. 이 비참한 연금액마저 100% 보장된 것이 아니다. 현 윤석열 정부에서는 출범 초부터 국민연금, 공무원연금, 사학연금 등 연금제도 개혁에 강력한 의지를 보였다. 윤석열 정부를 탓하는 게 아니다. 저출산 고령화가 심각해진 만큼 이 연금제도를 계속 유지하다가는 국고가 반드시 거덜 나게 되어있다. 매년 공무원 연금 적자를 메우는 국고 보전액만 2조원이 넘어간다. 앞으로 국고 보전액은 더 늘어날 것이 불보듯 뻔하다. 세계 최고의 건강보험 제도로 평균수명은 계속 늘어나는데 출생아 수는 급전직하하고 있으니 어쩔 수 없는 일이다. 2015년에 이은 대규모 공무원 연금개혁은 필연적이다. 윤석열 정부가 아니더라도 차기 정권 또는 차차기정권에서 반드시 일어날 상수라고 봐도 된다. 177만 원도 적은데 이보다 더 적은 금액이 된다니 공무원 입장에서는 눈앞이 깜깜할 노릇이다.

딱히 해결책도 보이지 않는다

그렇다면 안정적인 노후생활을 위한 해결책은 없을까? 공무원은 법령상 다른 직업을 가질 수도 없고 겸임도 불가하므로, 공무원 재직 시에 허리띠를 더 졸라매고 졸라매서 개인연금을 추가로 들어놓거나 주식배당, 임차소득 등 다양한 재테크를 활용해 현금 파이프를 뚫어놓는 수밖에 없다. 또는 60세 이후 일정 소득 이상을 벌어들일 수 있는 안정적인 재취업 자리를 확보해야 한다.

그런데 무엇 하나 쉬운 일이 없다. 개인연금을 추가로 들기에는 공무원 연금이 너무 박봉이다. 안 그래도 적은 월급에 또 개인 적금이나 연금으로 돈을 떼이기에는 생활이 너무 팍팍해진다. 주식이나 부동산을 통한 재테크도 쉬운 일이 아니다. 주식투자는 말할 필요도 없이 그 리스크가 매우 크며, 부동산도 부모님에게 물려받는 게 아닌 이상 쉽게 구매할 수 없다. 한 달에 200만 원 월급 받아서 몇 억짜리 집을 어떻게 사겠는가?

퇴직 이후 안정적인 재취업 자리를 확보하는 일도 마찬가지다. 행정고시 출신의 고위공무원들조차 퇴직 후에 관리직으로 재취업하는 일은 쉬운 일이 아니다. 말단 9급 공무원은 말해 무엇하랴. 말단 공무원으로 30년 일한 60대 노인을 반갑게 맞아줄 일자리는 많지 않다. 공무원으로 30년을 일하든 40년을 일하든 그 커리어는 깡통 커리어에 불과하다. 사회에 나와서는 아무도 인정해주지 않는 커리어다. 어쩔 수 없이 택시기사나 경비원, 공장 노동자 등 사회 밑바닥까지 내려가야 하는데 최소한의 인격적 존중을 받지 못하면서 이런 곳에서 돈을 벌어야 한다는 자괴감은 어쩔 것인가. 심지어 이런 일자리조차 쉽게 얻을 수도 없다.

공기업에서 30년 동안 사무직으로 일하다 퇴직한 분이 발간한 '임계장 이야기'라는 책이 있다. 여기서 임계장은 '임시 계약직 노인장'의 줄임말로서 회사 퇴직 후 아파트 경비, 고속버스터미널 배차 요원 등 생계를 위해 험한 일을 마다하지 않았던 임계장의 스토리를 담았다. 이 책에서 임계장은 사람들에게 무시 받고 모욕 당하면서도 하루하루 생활전선에서 버텨 나가는데 차마 눈물 없이는 읽을 수가 없을 정도다.

공무원의 가장 큰 장점이자 만인의 부러움을 샀던 공무원 연금. 연금 하나로 노후대비는 완벽했던 화려한 공무원의 시절은 갔다. 그렇다고 공무원 재직 기간에 돈을 많이 버는 것도 아니다. 박봉은 그대로인데 연금만 줄었다. 평생을 빈곤하게 살아야 하는 운명이 9급 공무원의 삶을 꽁꽁 묶어 버렸다. 당신은 이 지옥도에 들어오고 싶은가? 당신이 원하는 편안한 노후생활은 더이상 공무원에게 없다. 젊고 싱싱한 꿈 많은 청년들이 공직에 들어와 고생할 이유가 전혀 없는 것이다.

3장

꽉 막힌 피라미드

조직
문화

$$\textcircled{1}$$

오로지 윗분 뜻대로
9급 공무원에게 자유는 없다

출근하면서 간은 집에 빼놓고 와야 한다

공무원의 단점은 경제적인 이유만 있는 것이 아니다. 내 주체적인 의사결정권이 아예 존재하지 않는 직업이다. 오로지 상사의 뜻대로 그들의 입맛에만 맞게 모든 일이 진행된다. 내 의견도 주민의 의견도 그 누구의 의견도 중요하지 않다. 단지 윗분의 뜻. 그것뿐이다. 과정이 결과를 만들어내는 것이 아니라 이미 정해진 결과에 과정을 끼워 맞춘다. 그 결과는 당연히 기관장이, 관리자가 결정한다.

A라는 상사가 있다고 하자. 이 사람은 기관장일 수도 있고 기관장 바로 아래의 임원급 관리자일 수도 있다. A가 (B)라는 사업을 추진해 보자

고 지시하면 그 절차는 아주 기형적으로 돌아가기 시작한다. 일단, 그 사업을 왜 추진해야 하는지 어떤 효과가 있는지 '무조건 긍정적'인 통계자료와 이유를 긁어모으기 시작한다. 이 사업의 부작용이나 안 좋은 점 등은 애써 무시한다. 언급한다 해도 비중을 줄여 잘 눈에 띄지 않게 한다. 보고자료를 직접 작성하는 직원도 알고 그 자료를 검토하는 윗사람도 안다. 이렇게 보고서를 만들면 안 된다는 것을. 이 사업을 시행함으로써 따라오는 부작용이 상당할 수 있다는 리스크를. 하지만 그렇게 하지 않는다. A 상사는 내 근무평가점수를 결정하는 사람이고, 좁디좁은 공무원 사회에서 내 평판을 결정짓는 사람이다. 막강한 영향력을 갖고 있다.

의사결정과 정책추진 과정이 항상 이런 식으로 돌아가니 합리성이 보장될 리 없다. 모든 업무가 이런 식이다. 합리성과 객관성, 투명성은 뒷전이다. 오직 상사의 심기를 건드리지 않고 그가 원하는 대로 해줘야 한다는 생각뿐이다. 국가도 없고 국민도 없다.

하급 공무원들도 문제다

언뜻 보면 공무원들이 생각 없이 복종하는 바보 같지만, 사실은 자신의 위치에서 자신의 이익을 위해 최대한의 노력을 하는 것이다. 일반기업처럼 각종 성과관리 제도가 활성화되어 있지 않은 공무원 세계에서는 경쟁의 장이 '진급'에만 한정되어 있다. 내 근무평가점수를 주관하고 결정하는 사람이 관리자, 기관장이기 때문에 그의 뜻대로 움직일 수밖에 없고 그의 심기를 섣불리 건드려서는 안 된다.

책임지기 싫어하는 공무원 문화도 한몫한다. 이 사업이 잘못되면 내 잘못이 아니라 지시한 관리자의 잘못으로 몰고 가면 된다. 굳이 이 사업을 해야 한다 말아야 한다 소신 있게 의견을 냈다가 내 말이 틀리면 어떡할 것인가? 그냥 관리자나 기관장에게 모든 책임을 뒤집어 씌우는 게 편한 길이다.

공공기관의 한심한 의사결정 알고리즘

공직사회에 만연한 이 잘못된 업무문화의 근본 원인은 합리적인 의사결정과정을 배우지 못했고 배웠다 해도 자신의 권한을 극한으로 행사하고 싶어 하는 기관장과 관리자들에게 있다. 관리자의 지성과 교양 수준이 매우 낮다. 내 뜻에 반대의견을 제시하는 직원은 일 못하는 직원으로 취급한다. 싸가지 없는 직원이라고 생각한다. 공무원 사회에서 실질적인 영향력을 행사하는 50대 시니어 관리자들의 인식이 딱 이 정도다. 아무

희망이 없다. 어찌 보면 이들도 불쌍하다. 평생 동안 공무원 생활을 해온 이 사람들도 다 이런 과정을 겪은 사람들이었다. 그들도 보고 배운 대로 그대로 할 뿐이다.

얼마 전 춘천시에서 작은 해프닝이 있었다. 전 국민의 조롱거리가 된 일이었다. 최근 MZ세대 공무원들이 임용 후 얼마 시간이 지나지 않아 조기퇴직을 많이 하고 있다. 퇴직을 막기 위해 신규 공무원들에게 자신의 이름표를 나무에 달고 그 나무를 시청 인근에 직접 심는 행사를 개최했다. 내 이름이 걸린 나무를 신규 MZ 공무원들이 직접 심으면서 공무원이라는 직업에 정이 붙고 조기퇴직도 줄어들 것이라는 순진한 발상이었다. 신규 공무원들이 자신의 이름표가 걸린 나무를 심는 행사 사진을 보고 네티즌들의 조롱 리플이 줄을 이었다. 왜 신규 공무원들이 임용되자마자 퇴직하는지 그 원인을 알아보고 제도적으로 고칠 생각은 하지 않고 의미 없는 겉치레 행사를 개최하는 그 행태가 참을 수 없이 한심하고 우스웠기 때문이다.

나는 이 사업이 어떤 절차로 결정되고 실제 시행되었는지는 전혀 모른다. 하지만 춘천시 나무심기뿐만이 아니라 국민의 조소를 받은 어이없는 행정사례는 너무나도 많다. 2020년 서울에서는 시청 맞은편에 뜬금없이 서울과 아무 관련도 없는 대형 첨성대 조형물을 세웠다가 여론이 악화되자 4개월 만에 철거하는 사례가 있었다. 그 전에는 폐기 신발로 만든 조형물을 설치했다가 냄새가 나고 흉물이라는 논란이 있어 철거했었다. 이런 모든 어이없는 행정의 근본원인은 직원 간 자유로운 의견소통 없이 관리자의 뜻만 이루어주고자 하는 절대복종 문화에 있다. 관리자가 이런 사업을 시행하면 괜찮지 않느냐 이런 방향으로 추진하면 되지 않겠느냐 지시가 내려오는 순간 모든 공무원들은 그 지시가 어이없다는 생각을 하면서도 그 관리자의 욕망을 충족시켜 주기 위해 앞만 보고 사업을 추진하기 때문이다. 그리고 사고가 터지고 여론이 악화되고 전 국민의 가십거리가 된다. 그제야 누가 그랬냐는 듯 철거하고 철회하고 중단하고 변명하기에 바빠진다. 이 얼마나 한심한 작태인가. 무조건 복종. 상사의 뜻에 반하지 않게. 그의 심기를 거스르지 않게. 사고가 터져도 그의 책임이니까. 우리는 시키는 대로 했을 뿐이니까. 괜히 내가 반대의견 냈다가 찍힐 수 있으니까. 이것이 공직사회의 의사결정 알고리즘이다.

차라리 군대의 의사결정 체계가 깔끔하다. 군대는 무조건 상관의 명령에 복종해야 한다는 대원칙이 있다. 상관의 명령이 불합리하더라도 절대 거역해서는 안 된다. 죽음을 무릅쓰고 적에게 돌격해야 하는 전시상황에서 상관의 명령은 절대적이다. 군령이 무너지면 군기가 무너지고 군기가 무너지면 필패하기 때문이다. 상관은 모든 책임을 지고 명령을 내리며, 병사들은 그 명령 하나를 지키기 위해 목숨을 건다. 하지만 공직사회는 위선과 가식으로 점철되어 있다. 실상은 군대처럼 무조건 복종을 원하는데, 겉으로는 다양한 의견을 수렴하는 척 국가와 국민을 기만한다. 회의는 그렇게도 많이 하면서 알맹이는 없다. 그저 기관장의 훈화를 열심히 듣고 메모할 뿐이다. 그래서 결국 엉뚱한 일이 터지고 국민의 비판을 받게 되면 서로 남 탓을 한다. 실무직원들은 관리자에게 보고하고 관리자 뜻대로 했을 뿐이라며 책임을 떠넘긴다. 관리자는 이 사업이 매우 효과적이라고 보고받았으며, 그 자료에 근거하여 결정했다고 말한다. 또는 보고받은 바 없다고 오리발을 내민다.

이렇게 한심한 공직문화 속에서 MZ세대 공무원들이 자유롭게 의견을 내고 자신의 뜻을 펼칠 수 있는 기회는 거의 없다. 자율성과 다양성은 조직 발전의 필수요소인데, 이러한 긍정적 요소들은 공무원 조직에서 완전히 거세되어 있다. 공무원들은 처음에는 이러한 문화를 비판하고 바꿔야하겠다 열을 올리다가 1년 1년 연차가 쌓여갈수록 내 힘으로 바꿀 수 없다는 비참한 현실을 깨닫고 체념한다. 그렇게 자신이 욕하던 관리자들을 닮아간다. 뻔히 아무 효과도 없어 보이는 사업들을 그냥 시행한다. 어차피 국민 세금이다. 내 돈 아니다. 내가 결정한 일도 아니다. 그저 관리자 뜻대로 기관장 의지대로 해주고 진급이나 해서 내 잇속이나 챙기자는 철저한 공무원식 사고방식을 갖게 된다. 그렇게 나만의 주관, 나만의 공직 철학은 설 곳이 없어진다. 얼굴도 공무원스러운 얼굴이 된다.

"말을 하고 싶어도 하지 못하는 환경 때문에 말을 않는 것이 버릇이 되어 버린 얼굴"

- 펄벅, 『대지』

사람이 문제다. 그런데 사람은 고쳐 쓰지 못한다

유일한 해결책은 공직사회를 통솔하고 있는 시니어 관리자들의 인식 변화다. 내 지시가 틀릴 수 있다는 사실을 인정해야 한다. 그리고 내 지시에 반대의견을 내는 부하 직원들을 우대해야 한다. 사실 이런 부하 직원들이 가장 고마운 직원들이다. 내 실수를 바로잡아주는 사람들이기 때문이다. 물론 상사로서 권위가 있기에 내 뜻에 반대되는 의견을 직설적으로 말하는 부하 직원이 있으면 잠깐 기분이 나쁠 수도 있다. 하지만 참아야 한다. 오히려 감사한 마음을 표해야 한다. 그게 윗사람이 당연히 할 일이다.

하지만 정말 슬프게도 이들은 변하지 않는다. 제도나 규정, 환경을 바꿔서 해결될 내용이라면 뭔가 희망이 있을 텐데 해결의 중심이 '사람'이기에 의미가 없다. 사람은 변하지 않는다. 사람은 고쳐 쓰는 게 아니라는 말도 있지 않은가. 게다가 그 대상이 10~20대도 아니고 사회생활하면서 단물 쓴물 다 맛본 50대의 중년이라면? 이들의 사고방식은 절대 달라지지 않는다. 자신의 세계에 꽉 막혀 있다.

　이 글을 읽고 있을 독자분들 중 비교적 연령대가 어린 분들이 공무원 생활을 20년 이상 하고 결정권자의 위치에 올라가게 되면 뭔가 변할 수도 있겠다는 생각은 든다. 그래도 웬만하면 공무원 하지 마라. 그렇게 선한 의지를 갖고 열정을 갖고 자신을 절제하며 개방성과 다양성을 존중할 수 있는 지성과 교양을 갖춘 젊은이라면 월급 2백만 원 받으면서 20년 버텨 공직문화 바꾸는 데 투신하지 말고 더 높은 곳에서 더 넓은 곳에서 자신의 능력을 한껏 발휘하고 그에 맞는 사회적 대우와 열매를 성취하기 바란다.

$$\text{(2)}$$

무능한 공무원 관리자들
직무유기가 당연한 일상

내가 무슨 일을 해야 하는지 모르는 관리자들

관리자의 지시에 무조건 복종하는 프로세스로 공직사회는 돌아간다. 때문에 관리자의 리더십은 그 무엇보다 중요하다. 팔로우십보다는 리더십의 비중이 훨씬 크다. 팔로우십이 아무리 좋아도 리더의 능력과 그릇에 따라 행정 수준이 결정된다.

그렇다면 공직사회에서 관리자란 누구를 말하는 것인가? 일단 가장 작은 규모의 직원들을 통솔하는 팀장이 있다. 3~10명 정도의 실무직원을 지휘한다. 그리고 그 팀이 3~5개가 모여 한 부서(과)를 이루는데 이를 지휘하는 부서장(과장)이 있다. 또다시 이 부서가 몇 개가 모여 하나의 국·실 등 조직을 이루고 그에 대해 책임을 지는 국장 및 실장이 있다. 이중 팀장은 중간관리자라고 부르기도 하며 플레잉코치 성격으로 실무와 관리를 동시에 겸한다. 하지만 대부분의 팀장들은 실무는 아예 손을 놓아 버리고 관리업무만 하는 경우가 많다.

공무원 관리자들의 문제는 자신이 무슨 일을 해야 하는지 모르고 있으며 안다 해도 하지 않는 것이다. 그리고 그것을 당연하게 여긴다. 직무유기를 대놓고 하고 있다. 한마디로 노는 게 일이다. 놀기 위해 출근한다. 그들에게 관리업무란 아무것도 하지 않는 것을 의미한다. 사람을 관리한다는 것이 얼마나 힘든 일인지 인식하지 못하며 그저 결재할 일이 있으면 몇 마디 코치해주고 결재하는 게 관리자의 모든 업무라고 생각한다. 그래도 양심적으로 일을 열심히 하는 관리자들도 소수 있기는 하다. 하지만 그들도 관리업무를 제대로 이해하지 못하는 건 마찬가지다. 일만 열심히 하는 경우가 대부분이다. 사람을 관리하는 일에는 서투르다.

관리자도 등급이 있다

그렇다면 관리자의 업무란 무엇일까? 크게 보면 업무를 관리하는 일과 사람을 관리하는 일로 나뉜다.

1. 업무관리

– 자신이 관리하는 조직의 전체적인 업무추진상황 확인 및 검토

– 실무자가 보고하는 각종 업무 사항에 관한 판단과 결재

– 자신보다 상위 관리자의 업무지시를 받아 추진

– 실무자가 업무추진과정에서 어려움을 겪을 경우 구체적인 업무코치

– 각종 외부행사 및 회의 참석, 업무 관련 인사들과 사회관계 유지

2. 직원관리

– 직원 간 공정한 업무분장

– 직원 근태관리

– 직원 업무량 관리

– 직원 간 사전 갈등요소 차단, 갈등이 일어났다면 적극 중재하여 사태 해결

– 격려와 질책을 통한 공직기강 확립

– 소속직원들이 업무에 집중할 수 있고 개인생활도 유지할 수 있도록 워라밸 관리

이에 따라 관리자의 등급을 나눠 본다면 아마 이렇게 될 것이다.

A등급: 업무관리와 직원관리에 모두 열심인 자

B등급: 직원관리에만 열심인 자

C등급: 업무관리에만 열심인 자

D등급: 직원관리 업무관리 모두 하지 않는 자

E등급: 직원관리 업무관리 모두 하지 않으면서 오히려 직원들을 괴롭
히기만 하는 자(갑질 상사)

필자는 10년 넘게 공직생활을 하면서 수많은 관리자를 직·간접적으로 만났지만 A등급 관리자는 딱 1명만 만날 수 있었다. 90% 이상은 D등급이나 E등급이며 C등급 관리자가 소수를 이룬다. B등급 관리자는 거의 찾아볼 수 없는 희귀유형인데 직원 입장에서는 매우 편안한 관리자라고 볼 수 있다.

관리자의 진짜 업무
– 사람의 감정을 다루는 일

사실 관리자 업무에서 가장 중요한 부분은 업무보다 직원관리다. 업무에만 집중한다고 사람이 따라오지는 않지만 사람에 집중하면 업무성과는 저절로 따라오기 때문이다. 공만 쫓아다니는 축구는 동네축구다. 주말 아침 학교 운동장에서 초등학생들 축구경기를 보면 우르르 공만 쫓아

다니는 모습을 볼 수 있다. 이에 반해 월드컵 경기를 보면 선수들은 공이 아니라 공간에 집중한다. 공간을 확보하면 공의 소유권은 자연스럽게 따라오고 골도 넣게 된다. 관리업무도 이와 같다. 일 자체에만 집중하는 관리자는 하수 중의 하수다. 그보다는 사람 관리가 중심이 되어야 한다. 그런데 공직에 있는 관리자들은 이 사실을 모른다. 혹은 알면서도 하지 않는다. 왜냐하면 힘들기 때문이다. 그 힘든 일을 하라고 돈을 많이 주고 진급시켜서 관리자의 일을 맡긴 것인데 하지 않는다. 그저 자신의 안분지족만 원하며 탱자탱자 시간만 보내고 월급을 받는다.

업무관리는 상대적으로 쉽다. 중간관리자인 팀장만 해도 최소 10년 이상의 공무원 근무경력이 있는 사람들이다. 10년 동안 쌓인 경험이 있기 때문에 실무자가 어떤 어려움에 처해 있는지, 어떻게 이 일을 추진해야 하는지 한눈에 훤하다. 쉽게 코치가 가능하다. 공직에서 벌어지는 일들은 대부분이 반복 업무다. 아주 새롭게 일을 벌여 추진하는 경우는 거의 없다. 오랜 경력에서 쌓인 실무경험을 바탕으로 판단하고 지시하면 그만이기에 큰 어려움을 느끼지 않는다.

하지만 직원관리는 어렵다. 정말 어렵다. 심지어 공직 경험이 수십 년 쌓여도 어렵다. 열 길 물속은 알아도 한 길 사람 속은 모르는 게 사람이다. 사람과 사람 사이에서 벌어지는 일은 변화무쌍하다.

일단 공정한 업무분장부터 해야 한다. 그런데 공정이란 무엇인가? 직원들이 처한 사정이 천차만별이다. 어떤 직원은 아픈 부모님을 혼자서 부양하고 있을 수도 있다. 어떤 직원은 맞벌이 부부인데 도와주는 사람도 없이 어린아이 둘을 키우고 있다. 아직 아이가 어려 밤에 잠도 잘 못 자고 출근하는 것 같다. 또 어떤 직원은 극히 예민한 성격이다. 조금만 섭섭하거나 힘든 일이 생기면 눈물을 흘린다. 또 다른 직원은 호탕하고 시원시원하게 일을 하지만 세밀하고 꼼꼼한 면에서는 부족하다. 사람이란 이렇게 모두가 다르다. 지구에 사는 70억 인구 중 그 어떤 사람도 똑같은 사람은 없다. 이렇게 다양한 사람들의 성격과 업무 스타일을 파악하여 어느 한 직원이 너무 고생하거나 놀고만 있지 않도록 공정하게 적성에 맞게 업무를 배분해야 한다. 만약 맞벌이로 아이를 키우고 있는 직원을 배려하여 그 직원에게 다른 직원보다 적은 업무를 할당했다고 가정해본다. 다른 직원은 이렇게 생각할 수 있다. '개인 사정은 말 그대로 개인의 사정일 뿐인데 그것을 고려해서 업무를 적게 배정한다는 게 말이 되나? 무슨 결혼하고 애 낳은 게 벼슬인가?' 당신이 관리자라면 이렇게 불만을 터뜨리는 직원에게 어떻게 대답할 것인가? 그렇다고 이러한 사정을 봐주지 않고 정말 칼같이 공정하게 업무를 배분한다면 그게 공정한 것인가? 어려운 문제다. 정답은 없고 직원들의 불만은 쌓여만 간다. 관리자는 그래서 고민하고 또 고민해야 하는 어려운 일을 맡고 있다.

직원 간에 일어나는 갈등관리도 중요하다. 사람이 함께 모여 있다 보면 갈등은 반드시 일어나기 마련이다. 그 이유가 너무 다양해 열거할 수도 없다. 초중고 학교 시절을 떠올려 보자. 같은 반 모든 학생이 사이좋게 지내는 경우는 없다. 수만 가지 이유로 갈등이 생기고 싸움이 일어나고 편이 갈린다. 관리자는 마치 학교 선생님처럼 이러한 갈등을 수습해야 한다. 사전에 차단할 수 있으면 더욱 좋다. 하지만 갈등 당사자들은 모두 자신만 억울하다고 주장한다. 양쪽 이야기 들어보면 다 일리가 있다. 관리자의 머리가 아파오기 시작한다. 도대체 어떤 조치를 내려야 갈등 당사자인 직원들의 상처를 봉합하고 우리 조직을 다시 정상궤도로 올려놓을 수 있을까. 그 누구에게 조언을 구해봐야 답이 나올 리 없다. 왜냐하면 그 조직을 가장 잘 아는 사람이 바로 자신, 담당 관리자밖에 없기 때문이다. 담당 관리자가 고민하고 또 고민해서 해결해야 한다.

사랑받으려 하지 말고
존경받으려 노력해야 한다

격려와 질책을 적재적소에 활용하여 직원들의 신뢰를 얻어야 하는 일도 관리자의 기본업무다. 우리나라 직장문화를 가장 현실감 있게 그려냈다는 평가를 받는 드라마 〈미생〉을 보면 이런 이야기가 나온다. 주인공

장그래가 근무하고 있는 팀에 방문한 회사 임원이 그 팀이 이루어낸 성과를 칭찬하면서 관리자로서 자신의 일을 이렇게 정의한다.

"잘한 사람 있으면 상 주고 못한 사람 있으면 벌 주고 그게 내 일 아닌가?"

- 드라마 〈미생〉 中

관리자의 업무를 가장 알기 쉽게 표현한 말이라고 생각한다. 그런데 이 또한 관리자들은 하지 않는다. 잘한 사람에게 격려와 칭찬도 하지 않고 명백하게 잘못한 직원에게도 질책하지 않는다. 특히 후자의 경우가 더 많다. 칭찬도 중요하지만 질책도 중요하다. 그런데 욕먹을까 봐, 이 직원이 나를 싫어하게 될까 봐 두려워 질책하지 않는다. 직원이 지각을 해도, 정당한 이유 없이 업무를 회피해도 질책하지 않는다. 그러니 공직기강이 무너지고 고생하는 사람만 고생하게 된다. 관리자는 고독한 자리다. 사랑받는 자리가 아니라 존경과 존중을 받아야 하는 자리다. 직원과 친하게 지내면 안 된다. 친구가 아니다. 관리자와 관리 받는 공적 관계다. 엄정한 상벌로 직원들의 동기부여를 이끌어내야 한다.

칭찬과 격려에 신경을 쓴다 해도 그 경중을 조절하지 못하는 관리자들이 대부분이다. 본인이 생각하기에 중요한 일을 해낸 직원에게는 과도한 칭찬과 격려를 쏟아내고 그렇지 않은 일에 대해서는 그저 수고했다 한마디에 그친다면 직원들은 혼란에 빠지고 상대적 박탈감을 느낄 것이다. 그 기준이 관리자 본인 기준에 불과하므로 직원들은 공감하지 못한다.

정답은 없다, 고민하고 또 고민할 뿐

관리자는 항상 직원들 입장에서 생각할 줄 알아야 한다. 우리나라 최고의 야구 감독 중 한 명인 김성근 감독은 본인의 저서 '김성근이다'에서 자신의 리더십 철학을 대중에 공개했다. 필자가 가장 감명 깊게 읽었던 부분은 어떤 선수가 홈런을 쳐도 그 선수에게 눈빛 한번 주지 않았다는 대목이었다. 보통 선수가 홈런을 치면 감독이 하이파이브도 해주고 격려도 해주고 하는데 본인은 눈빛도 주지 않고 그냥 무표정으로 있었다는 이야기다. 그 선수를 혹시나 편애한다는 느낌을 줄 수 있기에 그것마저 절제했다고 한다. 그리고 홈런뿐만 아니라 희생번트를 잘 댄 선수, 도루한 선수, 수비를 잘한 선수 모두 그마다 가치가 있기에 홈런 친 선수만 특별히 격려하고 칭찬한다면 팀의 기강을 흩트릴 수 있다는 감독의 판단으로 그렇게 행동했다는 설명이었다.

물론 사람마다 가지고 있는 리더십의 종류는 모두 다르다. 김성근 감독의 리더십만이 정답은 아니다. 하지만 훌륭한 리더십을 보여주는 사람들의 공통 특징은 있다. 바로 끝없이 고민한다는 것이다. 왜냐하면 사람을 관리하는 일이기 때문이다. 사람의 감정을 컨트롤하는 일이다. 정답이 없기에 생각하고 또 생각해야 한다.

관리자의 직무유기, 직원들만 죽어난다

그러나 서두에 언급했듯이 공직의 관리자들은 사람을 관리하는 일에는 완전히 손을 놓고 직무유기한다. 왜냐하면 고민하기 싫기 때문이다. 힘들기 때문이다. 힘들기는 하다. 하지만 그 일을 하라고 진급시켰고 리더의 자리를 맡겼다. 당연히 말단 9급 공무원보다 월급도 많이 준다. 그런데 안 한다. 개인적으로는 범죄에 가깝다고 느낀다. 이 직무유기로 실무 직원들이 받는 고통이 너무나 크다. 최근 공직에서 벌어지는 직원 간 갈등으로 정신적 상해를 입고 신경정신과에 다니며 약으로 버티는 직원들이 많다. 극단적인 선택을 하는 공무원들도 늘고 있다. 극단적 선택으로 순직을 청구한 공무원의 수는 2019년 20건에서 2022년 49건으로 단 3년 사이에 두 배가 넘게 늘었다. 사람들은 갈등 당사자들이 문제라고 생각하기 쉽지만 그 근본 원인은 관리자의 직무유기다. 관리자가 고민하지 않고 공정하지 않은 업무분장을 했기 때문에, 관리자가 누군가를 편애했기에, 관리자가 질책할 상황에서 질책하지 않았기에, 관리자가 중재하고 조정할 상황에서 그러지 않았기에, 작은 갈등으로 끝날 상황을 아무런 조치도 취하지 않았기에 이러한 비극적인 사고가 공직에서 계속 일어난다.

　D~E등급의 무능한 관리자가 90% 이상을 차지하고 있는 것이 엄연한 공직 현실이다. 이런 상황 속에서 아무 힘도 권한도 없는 9급 공무원들은 좌절하고 절망하고 고통 속에 체념할 뿐이다. 공무원 자살 뉴스는 하루가 멀다고 들려온다. 같은 공무원 입장에서 충분히 이해가 간다. 무능한 관리자들만 도처에 널려 있고 아무도 나를 지켜주지 않는다. 나를 지켜줄 관리자는 직무유기 중이다. 그리고 그것을 정상으로 취급하는 조직이 공직사회다. 무능하고 노력하지 않는 관리자만 널려 있는 직장. 그리고 그것이 당연하게 여겨지는 곳. 당신이 이런 곳에서 평생 동안 고생할 이유는 전혀 없다.

3

하급 공무원 착취구조
젊어서는 고생, 늙어서는 신선놀음

하급 공무원의 삶이 힘겨운 이유
– 일도 사람도 챙겨야 한다

공무원은 크게 보면 관리자와 실무자로 나눌 수 있다. 보통 9급 공무원으로 들어와 10년 이상 실무자로 일하면 진급을 하게 되는데, 사람에 따라 10년이 걸릴 수도 15년이 될 수도 있다. 진급을 하면 팀장, 과장, 국장 등 관리자 역할을 수행하게 된다. 30살에 공무원이 되어 60살에 퇴직한다고 하면 대략 10~15년은 실무자로, 나머지 15~20년은 관리자로 공무원 생활을 한다. 얼추 반반이다. 관리자가 되지 못하는 직원은 거의 없다. 그 시기에 약간의 차이가 있을 뿐이다. 일을 잘 못 해도 된다. 두각을 나타내지 않아도 된다. 그저 버티고 근무만 하면 진급은 시켜준다. 더 높은 자리에 올라가지 못할 뿐, 중간관리자인 팀장 자리까지는 최악의 근무 성과를 보여준다 해도 가능하다.

문제는 실무자로서 공무원의 삶과 관리자로서 공무원의 근무여건 격차가 너무 크다는 데 있다. 7~9급 말단 실무 공무원들이 겪어내야 하는 고생은 이루 다 말할 수 없다. 민원에 치이는 것은 기본이고 각종 보고업무와 자료조사에 관리자들 기분까지 맞춰주어야 한다. 아침부터 저녁까지 쉴 시간이라고는 없다. 점심시간조차 쉬지 못하는 경우도 있다. 관리자의 밥 시중을 들어야 하기 때문이다. 특히 요령이 없는 신규직원일 때가 가장 힘들다. 대부분의 신규 공무원들이 놀라는 것이 공무원이라는 직업이 이렇게 일이 많고 바쁠 줄 몰랐다는 것이다. 공무원이 되기 전 본인이 상상하던 워라밸이 지켜지는 공무원의 삶은 저세상 이야기라는 현실에 좌절한다. 하지만 공부한 시간과 비용이 아깝고 부모님과 주변 친구들 시선이 있어 그냥저냥 참고 버티는 경우가 많다. 가장 최악의 케이스라고 생각한다. 그렇게 불평과 불만을 애써 누르며 하루하루 버텨 나가는 삶이 무슨 의미가 있는지는 잘 모르겠다.

실무 공무원의 일과가 이렇게 힘든 이유는 업무 병목현상에 상사 심기까지 살펴야 하는 이중고를 겪기 때문이다. 과장이 지시해도 팀장이 지시해도 결국 업무는 실무직원 책임이다. 사람은 하나인데 일은 여기저기서 다 시키니 몸이 두 개라도 모자랄 지경이다. 게다가 관리자들은 일을 도와주지는 못할망정 방해만 한다. 업무시간 중에는 쓸데없는 잡담으로 실무직원이 일에 집중할 수 없게 만든다. 본인은 하릴없이 놀고 있는 중이기 때문에 심심해서 잡담하는 것이지만 실무직원 입장에서는 그런 이야기 듣고 싶지도 않고 당장의 일이 급한데 짜증만 난다. 식사 시간에도 상사의 갑질은 계속된다. 점심시간에 상사를 혼자 놔두어서는 안 되고 계속 모시고 다녀야 하는 관례가 있기 때문이다. 같이 밥을 먹어줘야 하고 상사가 따로 약속이 없는 한 차도 한잔 같이 마셔주고 계속 상사를 모시면서 함께 시간을 보내야 한다. 심지어 퇴근 후 저녁 시간도 상사의 시간이다. 갑작스레 저녁 먹자 술 한잔 하자 요청이 들어오는 경우가 너무 많다. 이런 모임에 계속 빠지다 보면 상사 눈밖에 나 버린다. 내가 일하는 이유가 빨리 진급하고 인정받기 위해서인데 그 권한을 가지고 있는 관리자의 눈에 나버리면 모든 게 끝장이다. 허겁지겁 일을 하다 말고 상사와 함께 저녁을 먹으러 간다. 결국 아침부터 퇴근 때까지 쉬는 시간이란 없다. 고되고 고되다. 이렇게 10~15년을 살아야 한다. 이런 삶이 싫어 포기해 버리면 진급경쟁에서 뒤처질 가능성이 높다.

진급할수록 천국이 열린다

반면에 관리자 공무원의 삶은 정반대다. 보통 우리나라 국민은 공무원의 삶을 편안한 삶이라고 규정하는데 관리자 공무원들에게는 맞는 말이다. 아니 알고 보면 국민이 알고 있는 것보다 더 편하다. 말이 좋아서 관리이지 구체적인 업무분장이 아예 되어있지 않다. 되어 있다 해도 실제 일은 부하 직원이 한다. 한마디로 하는 일이 공식적으로 없다. 그저 결재만 할 뿐인데, 대부분의 사항이 관리자의 결재가 굳이 필요 없는 일들이다. 형식적인 결재라는 이야기다. 관리자로서의 책임감을 가지고 있다면 부담이 있을 수 있겠으나 그런 책임감을 느끼고 있는 관리자는 거의 없다. 그저 아무 일 없이 무탈하게 지내는 게 목표이기 때문에 자신이 관리하는 직원들이 도움을 요청해도 무시하면 그만이다. 그래도 직원들이 자신에게 대항하지 못하는 현실을 알기에 만사태평이다.

느긋하게 출근해서 퇴근 때까지 딱히 하는 일 없이 직무를 유기한다. 각 직원들이 맡고 있는 업무량과 업무난이도, 업무스케줄을 꼼꼼하게 파악해서 누군가에게 일이 몰렸을 경우 다른 직원에게 그 일을 도우라는 지시를 내리는 등 관리조치를 해야 하지만 그저 방임한다. 어떻게든 해내라고 윽박지르고 신경질이나 안 부리면 다행이다. 대신 주식이나 코인 투자에 열을 올리거나 인터넷 서핑, 자격증 공부, 유튜브 시청 등 갖가지 방법으로 시간을 때우다가 퇴근한다. 가끔 기관장이나 임원급 관리자들이 따로 불러 프로젝트를 맡길 때도 있는데 걱정할 일은 아니다. 부하 직원들에게 그대로 전달만 해주고 시키면 그만이다. 직원들이 어떻게 하냐고 물어보면 대충 추상적인 말로 때우고 이런 방향으로 한번 해보라고 던져주면 그만이다. 공무원은 관리자가 되는 순간부터 노동에서 해방된다. 가끔은 직장에 일을 하러 온 건지 여가생활을 하러 온 건지 착각이 들 정도다.

> "관리자는 아무것도 생산하지 않으면서 지휘하기 위해 지휘할 뿐이다."
> — 베르나르 베르베르, 『개미』

그렇게 편안하게 일하고(?) 퇴근하려 하는데 집에 그냥 들어가기는 왠지 싫다. 관리자 본인들은 오늘 하루도 이렇게 끝나간다는 사실에 마음이 허전하고 외로워서 그런 거라 생각하겠지만 사실은 하루 종일 아무일도 안했기 때문에 체력이 남아도는 것이다. 운동이나 자기계발, 공직과 별개의 사적 모임에 충실했으면 좋으련만 그런 수평적 관계는 불편하고 자신 없다. 일방적으로 군림할 수 있는 수직적 관계 속에서 내 말에 꿈쩍도 못 하는 부하 직원들과 저녁 시간을 보내고 싶은 욕망이 꿈틀댄다. 맥주나 한잔하자. 저녁이나 같이 먹자. 부하 직원들의 썩어가는 표정을 애써 모른 체하며 내 남아도는 체력을 소비하기 위한 하루의 마지막 스케줄을 잡는다. 내가 어떤 이야기를 해도 들어줄 수밖에 없는 가련한 부하 직원들을 앞에 두고 한참을 떠들다 보면 기분이 좋아진다. 그렇게 기분이 좋아진 상태로 퇴근한다. 아무런 걱정도 불편함도 없다. 공무원 하기 참 잘했다는 생각이 든다. 부하 직원들에게 미안한 마음도 약간 있지만 그리 심하지는 않다. 왜냐하면 나도 그 시절을 겪었기 때문이다. 공무원은 원래 그런 거야. 어차피 너희도 지금은 힘들겠지만 나중에 나처럼 누릴 수 있으니까 애써 자위한다.

관리자가 일할 수밖에 없도록 만들어야 한다

이토록 실무자와 관리자의 근무여건 차이가 심각하다. 심지어 책임도 실무자가 지는 경우가 많다. 만화 '미생'에서 업무 중에 큰 실수를 저지른 주인공 장그래가 미안한 마음에 계속 기가 죽어 있자 상사인 오 과장은 장그래를 장 과장이라고 놀린다. 책임질 위치에 있지도 않은 놈이 왜 자기가 모든 책임을 다 지고 있는 모양으로 기죽어 있느냐는 뜻이다. 계속 그렇게 놀려대자 장그래도 마음이 편해진다. 오 과장의 말이 맞다. 책임은 온전히 관리자의 책임이다. 하지만 공직에서는 그렇지 않다. 책임마저 실무자가 진다. 실수하고 잘못하면 한동안 기죽어 있어야 한다. 기죽은 티를 내지 않으면 관리자에게 찍힌다.

관리자와 실무자의 업무 밸런스를 어떻게 효율적으로 맞출 수 있을까. 개인적으로는 군대와 같은 강력한 제도개혁이 시행되어야 한다고 생각한다. 예전 군대는 상병만 돼도 군 생활이 편했고 병장이 되면 아무런 일도 하지 않았다. 병장들은 훈련도 작업도 아무것도 하지 않고 내무반에서 뒹굴거리고만 있었다. 훈련을 나가도 어슬렁어슬렁 쉬기만 했다. 그때는 그래도 되었다. 이등병 일병들이 다 했다.

하지만 지금 군대는 그렇지 않다. 정도의 차이는 조금 있을 수 있어도 병장들도 훈련에 적극적으로 참여하고 작업도 많이 한다. 과거에는 병영 부조리가 사회적 이슈로 자주 터졌다. 하루가 멀게 들려오는 군인 자살 사고와 과도한 얼차려 등의 문제들이었다. 이러한 사고들이 터질 때마다 국방부에서는 그 관리자에게 엄한 책임을 물었다. 아무리 군인으로서 능력이 뛰어나도 자신이 관리하는 부대에서 병영 부조리나 자살사고가 일어나면 책임을 크게 물어 관리자의 옷을 벗겼다. 결국 사단장 연대장 대대장 등 군대 간부들은 병장과 상병 등 군대 고참들과 일병 이등병의 업무밸런스를 실질적으로 맞춰 가는 데 주력했다. 병영 부조리를 제거하는 게 급선무가 되었다. 병사들 간 수평적 조직문화가 자리 잡을 수 있게 어떻게든 노력했다. 군대 간부들이 훌륭해서 그렇게 한 게 아니다. 그렇게 하지 않으면 자신의 목이 날아갈 처지였기 때문이다. 최근에는 병사들이 스마트폰까지 군대 내에서 사용할 수 있게 되면서 병영 부조리는 거의 뿌리가 뽑혔다고 해도 과언이 아니게 되었다. 이제 군대 내 사고는 간부들 사이의 문제만 있을 뿐, 병사들 간의 병영 부조리 사고는 많이 줄어들었다.

공직사회는 아직 멀었다. 공무원 자살사고가 계속 일어나고 있는데 변화는 없다. 실질적인 대책을 세우지 못한다. 신선놀음하는 관리자들이 그 대책을 세우고 결정하는 최종결정권자들이기 때문이다. 신선놀음에 빠지면 다시는 그 쾌락에서 벗어나지 못한다. 마치 마약과도 같다. 이들도 실무자 기간 같은 고생을 겪었기 때문에 억울한 마음도 있겠다. '실무자 때 고생하고 관리자 때도 고생하란 말이냐 그건 안 된다.'라는 편협한 마음이 들 수도 있다. 내 주변에서도 실무자 때 건강에 문제가 생길 정도로 고생하면서 매일 사표 쓰고 싶다며 울먹이다가도 막상 진급하고 관리자가 되면 매우 행복하게 직장을 계속 다니는 사람들을 많이 보았다. 갑작스레 시작되는 신선놀음에 공짜로 얻다시피 하는 월급까지. 게다가 매년 월급은 더 많아진다. 일은 안 하고 놀기만 하는데 월급이 더 많아지는 마술과도 같다.

MZ세대는 참지 않아

젊어서 고생하고 나이 들어 편한 게 좋은 거 아닌가? 라고 생각하는 독자분들도 있을 수 있다. 이런 분들에게는 공무원이 매력적인 직업일 수 있다. 그래도 막상 실무자로 10년 이상 버텨 보면 이런 문화가 불합리하다는 사실을 알게 될 것이다. MZ세대 공무원들의 조기 퇴사율이 높은 건 다 이유가 있다. 대한민국 역사상 가장 똑똑한 세대가 MZ세대다. 그 어떤 선진국보다도 좋은 환경에서 최고수준의 교육을 받고 자랐다. 이렇게 똑똑한 젊은이들이 생각이 없겠는가? 1년만 근무해 봐도 각이 나온다. 한 번뿐인 인생, 내 찬란한 청춘을 이렇게 보내고 싶지 않다는 판단.

필자는 개인적으로 박수를 보낸다. 필자는 세상을 보는 시야가 좁았고 똑똑하지 못해 10년 넘게 이 조직의 실상을 제대로 알지 못했다. 그저 참고 사는 게 미덕인 줄 알았다. 최근 들어서야 경험이 쌓이고 많은 사람과 교류하면서 시야가 트였다. 공직사회가 어떤 사회인지 명확하게 알게 되었다. 10년 넘어서야 알게 된 것을 1년만 근무하고 깨닫고 퇴사하는 젊은 공무원들이 대단하고 부럽다. 그들의 찬란한 청춘과 미래를 응원한다.

실무 공무원으로서 이렇게 고생고생하고 버텨내서 15년가량이 지나면 드디어 팀장 자리에 올라 중간관리자로서 임무를 수행하게 된다. 이 지점이 공직생활의 변곡점이다. 관리자 공무원의 삶은 실무 공무원의 삶과 정확히 반대다. 업무량이 급격히 줄어든다. 사실 관리자 공무원이 해야 할 일은 엄청나게 많다. 사람을 관리하는 일이다. 어찌 힘들지 않을 수 있겠는가. 그러나 앞에서 언급했듯 90% 이상의 관리자는 직무유기를 일삼는다. 아침에 출근해서 퇴근할 때까지 하는 일이라고는 결재도장만 찍어주는 게 일이다. 그 결재도 알고 보면 다 형식적이다. 팀장의 경험과 경륜에서 오는 노련한 판단이라고는 필요 없는 일이 대부분이다.

물론 관리자도 하는 일이 있다. 특히 행사에 참석하거나 의회 등 외부 일정이 있을 때는 그 일정에 참여해야 한다. 또 관리자도 자신의 상사들이 있기 때문에 그들을 모시는 일도 있다. 하지만 실제 업무까지 병행해야 하는 실무직원에 비할 정도는 전혀 아니다. 이 정도로 실무자일 때와 관리자일 때의 공무원의 삶은 천국과 지옥으로 나누어진다. 젊었을 때 고생하고 나이 들어 편한 직업. 이걸 균형이라고 할 수 있을까. 아니다. 균형이라기보다는 착취다. 젊은 직원, 하급 직원을 무지성으로 착취하는 야만적 문화다. 그래서 MZ세대 중심으로 이제 막 공직에 임용된 직원들의 조기퇴사율이 급격히 상승하고 있다.

서울시 저연차 공무원(5년 이내) 의원면직(사직) 명수

2014	2016	2018	2020	2022
54명	149명	169명	197명	281명

출처: MBN, '박봉 임금에 공무원 떠나는 MZ세대⋯ 3년 새 퇴사율 2배(2023.4.8.)'

꾹 참고 참으면 정신과 신세

문제는 참는 공무원들이다. 저연차 공무원들의 극단적인 선택도 함께 늘어나고 있다. 극단적인 선택까지는 아니더라도 정신과 치료를 받고 약을 복용하지 않으면 정상적인 직장생활을 할 수 없는 지경에 이른 직원들이 많다. 당장 구글이나 네이버에 '공무원 갑질', '공무원 스트레스'로 검색해 보면 알 수 있다. 수많은 실무 공무원들이 상사의 갑질과 사적 영역 침해로 감당할 수 없는 스트레스를 받고 있다. 공무원은 근로기준법 적용을 받지 않기 때문에 갑질을 당했을 때 대처할 수 있는 방법도 딱히 없다.

악성민원이나 업무 과중으로 인한 스트레스도 마찬가지다. 워낙 공무원의 정신적 문제가 많아지다 보니 어떤 지방자치단체에서는 정신적 스트레스를 받고 있는 직원들에게 무료 심리상담 프로그램까지 지원하고 있다고 한다. 취지는 좋지만 완벽한 해결책은 아니다. 그 뿌리를 찾아 근본 원인을 제거해야 한다. 그 근본 원인은 바로 실무자와 관리자 간 근무 여건의 현격한 차이다. 이 차이를 조정해야 한다. 실무자의 부담을 덜어 주고 관리자에게 의무와 책임을 더 부담시켜야 한다.

공무원 조직은 변하지 않는다

공직사회는 과연 변화할 수 있을까? 군대가 변화한 것처럼 관리자가 실무자의 업무 부담을 함께할 수 있을까? 매우 부정적이라고 생각한다. 많은 공공기관에서 MZ세대 저연차 공무원의 퇴사를 막기 위해 다양한 노력을 하고 있으나, 실질적인 대책은 전무하다. 서두에 언급한 춘천시의 신규직원 이름표를 단 나무 심기라든가 돈 몇만 원 더 준다거나 이상한 대책들만 내놓으면서 국민의 조롱거리만 되고 있다. 문제를 해결하려면 원인을 찾아서 제거해야 함이 당연한데, 관리자 공무원들 입장에서는 이 착취구조가 변하는 것을 원하지 않는다. 자신들이 손해를 보기 때문이다.

당장 관리자와 부하 직원 간의 사적인 술자리, 즉 회식을 금지한다는 조치를 시행한다고 해보자. 또는 공공기관의 수많은 팀장 과장 자리를 통폐합하는 조치를 생각해 보자. 이런 혁신적인 정책들을 관리자들은 결재하지 못한다. 절대 할 수 없다. 본인들의 편안한 신선놀음 공무원 생활을 망칠 수는 없기 때문이다. 내가 피해를 보는 정책을 시행할 바보는 없다. 그래서 실효성 있는 대책이 아직도 나오지 않는 것이다.

워라밸을 꿈꾸며 공무원 시험을 준비하고 있는가. 당장 그만둬라. 그 워라밸이 40~50대에 누릴 수 있는 워라밸이라면 모르겠다. 하지만 공무원이 되는 순간 당신의 그 찬란한 젊음은 야만적이고 능글맞은 50대 관리자 공무원들에게 철저하게 소비되고 말 것이다. 그리고 더 무서운 것은 당신이 관리자가 되었을 때, 당신 자신마저 똑같은 행위를 반복할 수 있다는 가능성이다. 나 자신도 내가 그렇게 변하지 않으리라고 장담할 수 없다.

$$\textbf{4}$$

누구도 책임지지 않는다
위선과 거짓으로 점철된 공직사회

도대체 누가 책임을 지는 것인가?

2022년 10월 29일. 다시는 기억하고 싶지 않은 참사가 이태원에서 일어났다. 사망 159명, 부상 196명. 앞날이 창창한 청년들이 서울 한복판에서 압사당한 그 사고. 사고 이후 많은 언론에서 그 원인을 분석했다. 그리고 책임을 질 사람은 져야 했다. 분명히 이 사고는 인재였고, 사전에 막을 수 있었던 참사였다. 어느덧 사고가 일어난 지 오랜 시간이 지났다. 이러한 사고가 서울 한복판에서 발생한 데 대해 겸허하게 책임을 지고 있는 공무원이 과연 있을까?

이태원 사고와 관련하여 용산경찰서와 용산구청 소속 공무원들은 사고 관리책임 혐의로 재판을 받고 있다. 그런데 영 들려오는 소리가 찜찜하다. 공무원들끼리 서로 증언이 엇갈린다고 한다. 사실은 하나일 텐데 서로 주장하는 바가 다르다. 많은 사람이 죽거나 다쳤고 국민은 큰 상처를 입었다. 누가 더 잘못했느냐를 떠나 책임 있는 자들끼리 이러니저러니 재판에서 논쟁하고 있다는 것 자체가 참 슬픈 현실이다. 필자는 말단 공무원일 뿐이지만 같은 공무원으로서 국민 앞에 미안한 마음이 든다.

필자가 경험한 공무원 사회는 책임 떠넘기기가 일상이었다. 당장의 이익과 순간의 위기 모면을 위해 거짓말을 일삼는 공무원을 너무 많이 보았다. 거짓말이 얼마나 횡행을 하는지 거짓말을 안 하는 사람이 바보인 분위기다. 속아 넘어가는 사람은 무능한 사람으로 치부되고, 잘 속이는 사람이 능력자로 여겨진다. 공무원 사회의 현실이다.

관리자나 기관장이 좋아할 내용의 보고는 서로 보고하려고 안달이다. 때로는 남이 한 일을 내가 한 것처럼 꾸며서 보고하기도 한다. 반대로 관리자 기분을 상하게 할 것 같은 부정적인 내용의 보고는 서로 책임을 떠넘기고 보고하지 않으려 한다. 기관장이 성과를 꼭 내야 한다고 강조한 분야에서 실제로 성과가 나지 않으면 담당 국장은 과장에게 보고하라 하고 과장은 팀장에게 보고하라 한다. 울며 겨자 먹기로 가장 아래 직급의 담당자가 보고하는 경우가 많다. 관리자는 책임을 지는 자리인데 책임을 지지 않는다.

솔직하게 인정하는 사람이 없다

보고 과정에서 거짓말을 일삼으며 책임을 떠넘기는 예도 있다. 상사에게 보고하다 보면 상사의 질문이 나오게 마련이고 보고자와 상사의 자연스러운 대화가 이어진다. 보고자가 여러 명인 상황에서 일어난 사례 하나를 소개하려 한다. 보고 도중 상사의 질책이 있었다. 그런데 그 업무를 담당하던 직원이 아무런 죄 없는 후배 공무원에게 그 책임을 실시간으로 떠넘겨 버렸다. 그래놓고는 보고가 끝난 후 서로 웃으며 인사하고 아무렇지 않게 헤어졌다. 물론 그 후배 직원은 마음에 깊은 상처를 입었으리라. 하지만 티 내지 않으려 노력하는 모습이 보였다. 그게 올바른 공직에서의 사회생활이라 배웠기 때문이다. 이 정도로 공직사회가 병들어 있다.

관리자만의 문제는 아니다. 실무를 담당하고 있는 말단 공무원들도 마찬가지다. 업무 중에 누구나 실수할 수 있다. 내가 예상한 대로 업무가 추진되지 않을 수 있다. 솔직하게 내 업무역량의 부족함을 인정하고 상사에게 도움을 청하면 된다. 혼날 일은 혼나면 된다. 그게 사회인의 올바른 자세다.

"Nobody learns without getting it wrong."

- Shakira, Try everything(영화 〈Zootopia〉 OST)

사람은 실수하면서 잘못하면서 배우는 것이다. 그리고 그 과정을 묵묵히 지켜봐 주고 잘 성장할 수 있도록 돕는 것은 관리자의 일이다. 하지만 공직사회에서는 이 모든 체계가 무너져 있다. 직급을 가리지 않고 서로의 잘못을 인정하지 않는다. 떠넘길 수 있으면 떠넘긴다. 당장 질책만 안 받으면 된다. 당장의 내 이익만 취하면 된다. 저열하고 저급하다.

한번은 참다 참다 못해 이런 불합리함을 공개적으로 제기한 적이 있었다. 공직사회에서는 속이고 거짓말한다 해도 그저 후배 직원이 꾹 참아내야 하는 불문율이 있기에 매우 튀는 행동을 했던 셈이다. 나름대로 마음고생을 심하게 하기도 했고 내 잘못이 아닌데 이렇게 당하는 것은 아니지 싶어 내게 책임을 떠넘긴 부서에 찾아가 공개적으로 따져 물었다. 내 당돌한 태도에 해당 부서장은 순간 당황한 듯 보였으나, 일단 흥분한 내 감정을 다독이며 나를 돌려보낸 다음 내 직속 상사인 팀장에게 전화를 걸어 내 태도가 잘못되었다며 뒷담화를 했다. 팀장을 통해 이 사실을 전해 들은 나는 매우 화가 났다. 그 부서장이 나를 험담한 게 문제가 아니라 앞에서 하는 이야기와 뒤에서 하는 이야기가 달랐기 때문이다. 내가 문제를 제기하러 찾아갔을 때는 내 말이 맞다는 식으로 편을 들어주다가 금세 내 직속 상사에게 전화해 뒷담화를 하는 아수라 백작과 같은 모습을 보였다. 왜 이런 문제가 발생했는지 논리적으로 설득하려 하지 않고 항상 이런 식으로 겉과 속이 다르게 행동하는 사람들이 공직에 모여 있다.

공직 경력과 얼굴 두께는 비례한다

정직의 가치는 땅에 떨어질 대로 떨어졌다. 앞에서 웃고 뒤에서는 공격한다. 더 뻔뻔한 경우도 있다. 앞에서 공격하고 앞에서 웃는다. 그래서 공직에서 성공하려면 뻔뻔해야 한다. 뻔뻔함도 능력이다. 앞에서 공격하고 앞에서 웃을 정도가 되려면 얼마나 뻔뻔해야 하는지 감을 잡을 수조차 없다. 대놓고 그 사람의 험담을 하며 공격해 놓고서는 그 현장에서 실시간으로 다시 웃으며 말을 걸고 시답잖은 농담하고 이야기할 수 있어야 한다는 뜻이다. 그리고 당한 상대방도 그걸 받아낼 수 있는 멘탈을 갖춰야 한다. 가끔은 정말 공무원 사회가 무섭고 사람이 무섭다는 생각이 든다. 이 세상 어느 조직에서 정치술수가 없으랴만 공직사회만큼 심한 곳은 없을 것이다. 만약 타고나기를 눈 하나 깜짝 안 하고 거짓말을 잘하는 사람이 있다면 공무원을 평생 직업으로 추천한다. 결코 농담이 아니다.

이토록 거짓말과 속임수가 횡행할 수 있는 기반은 반복해서 말하지만 책임지지 않고 서로 떠넘기며 잘못을 인정하지 않는 공직문화다. 이는 어찌 보면 공무원만의 문제는 아니다. 우리는 뉴스에서 이런 현실을 수도 없이 목도한다. 어떤 사람은 이런 문제를 토로하는 나에게 자주 위로하곤 했다. '우리나라에서 안 그런 회사가 어디 있느냐 다 그런 것이다.'라고. 일리 있는 말이다. 하지만 진정한 위로는 되지 않았다. 공직사회가 그 어떤 곳보다 이런 현상이 심했기 때문이다. 그리고 공직자들이 이런 문제에 대해 어떤 문제의식도 갖고 있지 않았기 때문이다.

악의 평범성
– 내가 잘못된 행동을 하고 있는지조차 모른다

어떤 잘못된 행동을 저지를 때, 알고 행동하는 것과 모르고 저지르는 것은 큰 차이가 있다. 알고 행동하는 사람은 그 리스크를 안다. 그래서 사후 교정 가능성이 있다. 리스크를 알기에 그 행동을 쉽게 반복하지 못한다. 그 행동이 '잘못된' 행동이라는 것을 근본적으로 체득하고 있기 때문이다. 하지만 모르고 잘못된 행동을 저지르는 사람은 교정 가능성이 거의 없다. 이 행동이 잘못된 것인지 아예 모르기 때문이다.

독일의 철학자 한나 아렌트는 악의 평범성이라는 개념을 주창했다. '모든 사람들이 당연하게 여기고 평범하게 행하는 일이 악이 될 수 있다.'라는 이야기다. 아무리 끔찍해 보이는 일도 남들이 다 그 일을 하고 있으면 아무렇지 않게 느껴진다. 나도 당연히 따라하게 된다.

거짓말과 무책임으로 점철되어 있는 공무원 조직이 꼭 그렇다. 거짓말을 하면서도, 책임을 떠넘기면서도, 업무회피를 하면서도, 관리자가 자신의 일에 최선을 다하지 않으면서도, 놀면서 월급을 받으면서도 아무런 죄책감을 느끼지 못한다. 왜냐하면 모두가 그렇게 하고 있기 때문이다. 공무원들의 현재 수준이다. 모두가 애꾸눈인 사회에서는 양 눈이 달린 사람이 모난 돌이 되어 정을 맞을 지도 모른다. 정직과 성실과 같은 미덕의 가치가 옳다고 믿는, 열심히 살아온 누군가가 공직에 들어와 상처받는 것을 원치 않는다. 거짓과 위선으로 점철된 공직사회에서 소모되지 말고 정직과 성실함으로 승부할 수 있는 분야에서 개인의 성장을 도모하길 바란다.

5

쌍팔년도 군대 문화
절대복종과 기수 서열

대한민국의 아픈 현대사가 군대 문화를 만들었다

옛사람들은 10년이면 강산이 변한다고 했다. 언뜻 10년이 길어 보이지만 지나보면 짧다. 사람 수명이 대략 70년이니 사는 동안 7번은 강산이 바뀐다는 이야기다. 그런데 강산이 몇 번이 바뀌는데도 바뀌지 않는 조직이 있다. 80~90년대 조직문화가 2023년 현재에도 그대로 살아 숨 쉬는 곳. 바로 공무원 조직이다.

쌍팔년도 조직문화라는 속어는 군사정부 독재정권을 오랜 시간 겪어냈던 대한민국의 아픈 현대사의 자취다. 1963년 시작된 제3공화국부터 1987년 6공화국이 출범하기 전까지 25년의 군사독재정권은 대한민국

전반에 군대 문화가 뿌리내리게 만들었다. 민주 정부가 수립된 지 어언 30년이 지난 지금에 이르러서도 이 오랜 역사를 가진 군대 문화의 영향은 아직도 대한민국에서 완전히 없어지지 않았다.

물론 독재정권만 영향을 끼친 것은 아니다. 남성들의 영향도 있다. 대한민국 남자는 일정한 나이가 되면 신체에 문제가 없는 한 예외 없이 군대에서 2년 가까이 시간을 보낸다. 20대는 가장 예민하게 환경에 적응하고 학습하는 나이다. 이 시기에 습득한 경험과 지식이 그 사람의 평생을 결정하는 경우가 많다. 군대 문화가 우리나라에서 사라지지 않고 유지되는 이유다.

조선 시대에도 절대복종과
기수서열 문화는 없었는데…

그렇다면 군대 문화란 도대체 무엇인가? 군대의 핵심가치는 무엇일까? 군대는 적과 싸워 이겨야 하는 조직이다. 따라서 절대복종과 경력과 서열에 따른 기수문화가 조직의 핵심을 이룬다. 그리고 이 가치는 대한민국 공무원 사회에서도 아주 철저하게 적용된다.

절대복종은 군대에서만큼은 꼭 필요한 덕목이다. 그러나 현 민주사회에서는 당연히 비합리적이며 지양되어야 한다. 토론과 논쟁이 우선이다. 상사의 지시라고 해서 절대복종해서는 그 회사가 제대로 돌아갈 리 만무하다. 어떤 회사에서는 red team을 상설화해 운영하기도 한다. red team이란 회사에서 추진하는 모든 사업에 대해 부정적인 의견만 내는 조직을 말한다. 이 팀은 긍정적인 의견을 내면 안 된다. 무조건 부정적인 주장을 하고 그 근거를 제시해야 한다.

절대왕정이었던 조선 시대에도 왕이 명령했다 해서 그대로 시행하지는 않았다. 대신들은 치열하게 토론하고 왕을 설득했다. 어떤 신하는 왕에게 그렇게 하시려거든 자기부터 죽이라면서 목숨을 걸고 대들기도 했다. 통촉해 달라고 외치고 또 외치며 왕이 뜻을 거두어주기를 거듭 청하는 경우도 많았다. 조선은 성리학의 나라였다. 아첨하는 신하보다는 바른말을 하는 신하를 우대하고 사회적으로 존중했다. 왕에게 좋은 말만 하지 않았다. 절대 네네 알겠습니다 하는 나라가 아니었다. 사대부는 자신의 목숨을 잃을 위험이 있다 해도 팩트로 돌직구를 날려대며 자신이 옳다 생각하는 바를 가감없이 왕에게 아뢰었다.

왕에게만 그랬던 것이 아니다. 학자들끼리 자유롭게 소통하고 토론했다. 조선의 최고 유학자 중 한 명인 퇴계 이황은 자신보다 한참 어리고

경력도 부족한 기대승과 동등한 위치에서 사단칠정 논쟁을 벌였다. 계급
도 경력도 나이도 선·후배 개념도 없었다. 서로를 한 명의 인격체로 존
중하고 예의를 갖춰 대했다.

대한민국 현대사에서 그 똬리를 틀기 시작한 군대식 기수 서열 문화는
이와 꼭 반대다. 한 달이라도 빨리 군대에 입대한 사람이 선임자가 되어
후임자의 목숨 줄을 쥔다. 내무반 생활부터 훈련까지 공과 사를 가리지
않고 선임자가 후임자에 대한 모든 권력과 통제권을 갖는다. 당연히 갑
질이 따라온다. 후임자도 한 명의 고귀한 사람인데, 내 물건처럼 마구잡
이로 써먹기 시작한다. 모두가 그것이 옳다고 생각하는 조직에서는 나도
모르게 그렇게 된다. 결국 후임자에 대한 마지막 인격적 존중감마저 잃
어버리고 폭언 폭행 갈취 등 범죄에까지 이르는 경우가 많았다.

이 군대식 기수문화는 한국사회 전반에 뿌리를 내렸다. 초등학교에서
도 6학년이 저학년 학생을 위협한다. 체육계에서도 선후배 관계가 엄격
하다. 연예계도 마찬가지다. 회사도 그렇다. 대한민국의 조직이라는 곳
에는 항상 기수문화가 있다. 그 조직에 먼저 들어왔다는 이유 하나만으
로, 선임이라고 선배랍시고 으스대면서 후배들을 강압적으로 짓누른다.

아이러니하게도 이 기수문화는 그 뿌리였던 군대에서는 거의 사라지

고 민간분야에만 남아 있다. 현재 군대에서 기수문화는 장교나 부사관 등 간부 군인들에게만 남아 있을 뿐, 이제는 병장이 이등병에게 갑질할 수 없는 병영문화가 정착되었다. 민간에서도 여전히 기수문화가 남아 있긴 하지만 1980~90년대에 비할 수는 없다. 많이 없어졌고 없어져야 한다는 사회적 합의가 이루어졌다. 가장 기수문화가 강했던 분야인 체육계에서도 선·후배 사이에 격의 없이 농담하고 장난치며 지내는 모습을 볼 수 있다.

회사에서도 기수문화가 없어져야 함은 물론이다. 기수문화가 존재하는 한, 회사의 생산성이 떨어지고 당연히 매출도 떨어진다. 기수문화가 나빠서 없애는 게 아니라 회사에 이득이 되지 않기 때문에 없애는 것이다. 자유로운 분위기에서 토론하고 의견을 나눠야 발전과 혁신, 창의적인 무언가가 생겨나는데 기수문화가 만연한 곳에서 이런 분위기가 생길 리 없다.

**후배라는 이유만으로 당하고 또 당하고,
끝없이 고통 받는다**

정말 안타깝게도 절대복종과 기수문화, 이 쌍팔년도 조직문화의 양대

축이 공무원 사회에서는 그대로 살아있다. 그것도 아주 강하게 살아남아 핵심가치로 기능한다. 이 문화에 적응하지 못하면 공직에서 성공할 수 없다. 반대로 말하면 절대복종과 기수문화를 잘 지키면 성공한다는 이야기도 된다. 앞에서 언급한 불공정경쟁, 젊어서는 고생이고 늙어서는 신선놀음이라는 공직문화와도 연계된다. 모두 절대복종과 기수문화가 그 뿌리라고 볼 수 있다. 이제 공무원 사회에서 절대복종과 기수문화가 어떻게 발현되는지 구체적으로 살펴보자.

우선 상사나 선배의 지시에 절대 반박하거나 토 달면 안 된다. '이것'을 하라고 했으면 알겠다고 하고 '이것'만하면 된다. 상사도 물론 사람인지라 잘못 생각하고 지시할 수도 있다. 지시한 내용이 비합리적이고 규정에 맞지 않을 수도 있다. 그렇다 해도 '네, 알겠습니다.' 하고 시키는 대로 해야 한다. 만약 지시내용이 위법하거나 정말 해서는 안 될 내용일 때는 지시하자마자 반박하지 말고 최소한 몇 시간이 지나서 조심스럽게 이야기해야 한다. 아까 지시하신 내용을 살펴보니 어떠한 관련 규정과 지침이 있어서 그대로 시행하기에는 어려울 것 같다고 아주 상냥하고 조심스럽게 상사를 존중하면서 말해야 한다. 그렇게 하지 않으면 싸가지 없는 직원으로 찍힌다.

여기서 싸가지가 없다는 것은 예의를 지키지 않는 행위를 말하는 게 아니다. 공무원 사회에서 싸가지가 없다는 말은 '나에게 상냥하게 대하지 않는다, 내가 시키는 대로 하지 않는다.'라는 것을 뜻한다. 옳은 이야기를 하면 안 된다. 상사가 듣기 좋은 이야기를 하면 된다. 한마디로 아첨하면 된다.

선배직원이나 상사의 사적인 요구도 암암리에 들어줘야 한다. 마치 옛날 군대에서 후임이 선임 옷가지를 빨래해 주던 것과 비슷하다. 그 요구는 자신의 업무를 은근슬쩍 떠넘기는 것일 수도 있고, 같이 어디를 가서 술 먹자 밥 먹자 등산가자 놀아달라는 것일 수도 있고, 심지어 돈을 빌려달라는 경우도 있었다. 이 요구들을 들어주지 않는 순간 '싸가지 없다'는 말을 듣게 된다. 자신들이 불합리한 요구와 부탁을 해놓고 그것을 수용하지 않으면 저 직원은 싸가지가 없다며 낙인을 찍어 공직사회에서 평판을 엉망으로 만들어 버리는 게 선배 공무원이라는 자들의 무기다.

상사가 혼자 밥 먹게 해서는 안 되는 문화도 있다. 팀원이 3명인 팀이 있다고 하면 어느 날은 그 3명 모두 점심시간에 개인 일정이 있을 수 있다. 팀장만 개인 일정이 없다고 한다면, 팀장은 그냥 혼자서 점심을 먹으면 된다. 그런데 공직에서는 그것이 불가능하다. 우습게도 상사 혼자 점심시간을 보내게 놔두어서는 안 된다는 관습이 있다. 팀원 3명 중 누군가는 자신의 일정을 포기하고 팀장과 함께 점심을 먹어야 한다. 이건 모든 상사가 마찬가지다. 팀장도 과장도 절대 혼자 밥을 먹게 해서는 안 된다는 불문율이다. 직급이 높아질수록 더욱 그렇다. 상사 밥시중 술시중은 공무원 업무 중 최고로 중요한 업무다.

또한 가장 힘들고 어려운 일은 무조건 후배 몫으로 돌아간다. 업무 난도와 업무량, 개인의 적성에 따라 업무가 배분되어야 하지만 절대 그렇지 않다. 모두가 맡기 싫어하는 일, 부담스러운 일이 연차가 가장 낮은 직원에게 배정된다. 어려운 일일수록 행정 경험이 많은 선임들이 맡아줘야 하는데 그 어떤 선배 직원도 나서지 않는다. 오히려 상사에게 항의하고 나는 그 일 못 한다고 까무러친다.

후배 직원은 그렇게 반발하기 힘들다. 연차가 오래되지 않았기에 자기주장을 마음껏 펼치기 어려운 입지에 있다. 한낱 동물들도 새끼일 때는 성체가 될 때까지 주변에서 배려해 준다. 먹이를 직접 잡을 수 없으니 가져다 먹여주고 이동할 때도 그 속도에 맞춰준다. 공무원에게 그런 배려를 바라는 것은 사치다. 이제 막 입사한 신규 공무원에게 가장 어려운 일, 모두가 하기 싫어하는 일을 업무분장해버리고 나 몰라라. 본인이 버티면 다행이고 못 버티고 사표 내도 어차피 나랑 상관없는 일이라는 식이다. 어차피 그 직원 나가도 신규직원은 계속 들어온다. 만약 그 직원이 당돌하게 일을 못하겠다는 식으로 나오면 싸가지 없다는 낙인을 찍고 신규직원이 일 열심히 안한다며 선배직원들끼리 똘똘 뭉쳐 조리돌림 한다. 팀장 과장 등 관리자도 다 알고 있지만 모른 체한다. 괜히 나서기도 싫고 책임지기 싫고 직원들에게 싫은 소리 하기도 어렵다. 결국 연차가 가장 낮은 신규직원만 고생 또 고생이다.

공무원에서 관리자라고 하는 사람들은 결혼 장례식 등 자신의 경조사에서도 갑질을 부린다. 관리자의 자녀가 결혼하면 결혼식 입구에서 부조를 받고 하객들을 안내하는 등 뒤치다꺼리를 부하 직원들에게 맡긴다. 관리자 부모가 돌아가셨는데 장례식 발인에서 부하 직원이 관까지 들어주는 경우도 있었다. 상사와 관련된 모든 일에 노예처럼 동원되는 게 하급 공무원의 일상이다. 특히 30년 가깝게 같은 기관에서 계속 근무하는 지방직 공무원이 더욱 심하다.

각자 맡고 있는 역할이 다를 뿐,
사람이 높고 낮은 게 아니다

이토록 위계질서가 빡빡하고 수직적이니 공적인 회의문화도 제대로 성립되어 있을 리 없다. 회의가 아니라 교장 선생님 훈화 말씀을 듣는 자리라고 보면 된다. 공무원의 회의에는 토론과 논쟁이 없다. 그저 그 회의에서 가장 높은 직급에 있는 사람에게만 발언권이 있다. 모두 조용히 듣기만 하고 질문에 형식적인 대답만 한다. 회의를 통해 아무런 디벨롭도 이루어지지 않는다. 윗사람은 말하고 아랫사람은 듣는다. 그리고 그대로 시행할 뿐이다.

  공직사회의 슬프고 슬픈 현실이다. 필자가 10년 이상을 근무했지만 전혀 바뀌지 않았고 바뀔 분위기도 보이지 않는다. 지금은 2023년이다. 이제 세상은 10년마다 강산이 바뀌는 게 아니라 1년마다 바뀐다고 생각한다. 이제 쌍팔년도식 군대문화는 대한민국에서 완전히 필요 없는 시대가 되었다. 모두 자신의 역할을 각자 하고 있을 뿐이지 윗사람 아랫사람의 개념은 아니다. 관리자는 직원들을 잘 통솔해 최상의 생산성이 산출될 수 있도록 리드하는 역할을 맡은 사람이고, 실무자는 말 그대로 실무에 집중하는 사람이다. 단순히 분업할 뿐이다. 위아래의 개념이 아니다. 서로 자기 일만 잘하면 된다.

  이 당연하고도 당연한 명제가 언제쯤 공직사회에 받아들여질지 의문이다. 9급 공무원이 되면 이런 쌍팔년도 문화 속에서 30년 동안 직장생활을 해야 한다. 자기계발과 성장이 될 리 없다. 필자는 공무원 문화가 이렇게 꽉 막혀 있을 줄 꿈에도 몰랐다. 알았다면 절대 공무원이라는 직업을 선택하지 않았을 것이다.

4장

불공정과 불합리

성과
체계

공무원은 일을 잘할수록 손해
성과를 낼수록 착취당한다

동물원의 치타는 더이상 달리지 않는다

아프리카 초원의 치타가 동물원에 들어왔다. 치타는 먹이를 받기 위해서는 동물원에서도 빠르게 달려야 하는 줄 알고 빠르게 달리며 자신의 멋진 근육과 스피드를 자랑했다. 그러나 동물원 안의 누구도 달리지 않고 그저 하루하루 정해진 일과에 따라 정해진 시간에 밥을 먹으며 살아갈 뿐이었다. 치타는 답답해하며 동물원의 동물들에게 말했다.

"얘들아! 이렇게 하면 더 빠르게 달릴 수 있고 더 멋지게 살 수 있어! 왜 나처럼 하지 않는 거야?"

다른 동물들이 말했다.

"동물원이 우리한테 바라는 건 그런 능력이 아니야. 너도 곧 알게 될 거야."

치타는 현실에 안주하는 동물들을 답답해하며 계속해서 점점 더 빠르게 달리는 연습을 했다. 그러나 달라지는 건 없었다. 치타가 빠르게 달리든 달리지 않든 밥은 삼시세끼 다른 동물들과 똑같이 나왔고 오히려 유난 떤다며 다른 동물들에게 욕만 먹을 뿐이었다. 동물원 관리자는 동물원이 사건 사고 없이 무탈하기만 바랄 뿐 동물들이 각자의 재능을 펼치도록 하는 데는 관심이 없었다. 결국 몇 달 뒤 치타는 무기력하게 우리 안을 빙빙 돌며 먹이가 나오는 시간만 기다리게 되었다.

이 일화는 공무원 사회의 불공정한 성과체계를 완벽하게 비유한다. 이제는 어디에서도 찾아보기 힘든 이 사회주의적인 일화가 2023년에도 살아있는 곳이 바로 공무원 사회다. 열심히 일하면 호구 잡히고 이용만 당하며 그 열심에 대한 보상은 전혀 없다. 자칫 왜 더 열심히 하지 못하느냐고 혹은 잘난 체하고 유난 떤다며 미움을 살 위험마저 있다.

일을 아무리 열심히 해도 근무평가점수는 최하.
무조건 경력이 우선이다

보통 신규 공무원으로 임용되어 근무를 시작하게 되면, 그 부서에서 가장 어렵고 힘든 일이 배정된다. 신규직원이니까 매사에 배려받고 업무에 익숙해질 시간을 주어야 하는데 관리자의 무관심과 선배직원들의 이기심은 신규 공무원의 파릇파릇한 미래를 무참히 짓밟아 버린다. 어렵고 힘들어 아무도 맡기 싫어하는 일은 아무런 발언권도 없고 힘도 없는 신규직원에게 떠맡기기 안성맞춤이다. 아무것도 모르는 신규직원은 '처음이라 고생하는 거겠지 누구나 다 시작은 힘든 거야.'라고 애써 자위하며 힘겹게 업무에 적응해 나가지만 경험 많은 고참도 힘들어하는 업무가 그리 쉽게 적응이 되겠는가. 지치기만 할 뿐이다.

열에 하나 끝까지 버텨내고 이겨내는 신규직원도 있다. 이런 경우에는 더 슬픈 일들이 벌어진다. 일 잘하고 꾹 참고 버텨내니까 일을 더 준다. 가스라이팅은 덤이다. '네가 에이스다. 우리 부서에서 없어서는 안 될 존재다.'라면서. 너무 힘들지만 주변 직원들의 칭찬과 격려의 힘으로 또 젊음으로 계속 버텨 나가기는 한다.

반기마다 돌아오는 근무평가 시즌에 이 직원은 관리자에게 어떤 평가를 받게 될까? 어이없게도 가장 낮은 평가점수를 받는다. 이유는 '신규 직원'이기 때문이다. 공무원의 근무평가 시스템은 서열과 경력이 우선이다. 아무리 일을 안 하고 펑펑 놀아도 선배직원이 좋은 근무평가 점수를 받는다. 신규직원뿐만이 아니다. 경력 5년 차 직원과 6년 차 직원이 서로 경쟁한다 해도 마찬가지다. 6년 차 직원이 무조건 좋은 점수를 받는다. 일을 열심히 할 동인이 완전히 사라진다.

고통을 최소화하고 이익을 극대화하려는 욕망은 모든 인간의 본능이다. 나쁜 것이 아니다. 이 욕망을 토대로 인류는 발전해왔다. 열심히 일해도 내게 돌아오는 구체적 이득이 없다는 것을 깨달은 공무원은 동물원의 치타처럼 이제 일을 열심히 하지 않게 된다. 그저 평범하게 남들 하는 만큼 하고 안 할 땐 안 하며 무색무취의 시간만 가길 바란다. 그렇게 시간이 지나고 내 차례가 오면 당연히 나도 좋은 근무평가 점수를 받을 테니까. 이게 공무원의 기본 마인드다. 당연히 공공기관에서 추진하는 그어떤 일도 제대로 성과가 날 리 없다. 그 일을 직접 추진하는 공무원들이 아무런 열정도 노력도 하지 않기 때문이다. 열심히 해도 내가 받는 이득이 없는데 왜 열심히 하겠는가? 뭐하러 아까운 내 정력을 쏟겠는가? 당연히 쏟지 않는다. 사람의 문제가 아니다. 제도의 문제다.

순수한 노력은 굶주린 야수들의 먹잇감이 된다

필자가 직접 겪은 사례를 소개한다. 과거 어느 부서에서 근무하던 시기에 예상치 못했던 프로젝트 사업이 떨어졌다. 긴급하게 떨어진 업무였기에 당연히 따로 업무분장이 되어 있지 않은 일이었다. 하지만 누군가는 해야 했다. 동료 직원들을 위해 희생한다는 마음가짐으로 자원하여 업무를 맡았다. 관련자료를 공부하고 발표 PPT와 동영상을 만드는 등 애를 써서 프로젝트를 마쳤다. 다행히도 결과가 좋았다. 나름 뿌듯하게 생각하고 안심하고 있었는데, 아뿔싸 비슷한 프로젝트 업무가 생길 때마다 당연하다는 듯이 그 일을 필자에게만 맡기는 것이었다. 마치 그 일이 처음부터 필자의 업무인 것처럼 계속 업무를 배정하는데 그 이유는 하나였다. '당신이 해봤으니까.' 이 얼마나 폭력적인 이유인가. 팀에 업무가 배정되었을 때 내가 하겠다고 나선 게 후회되었다. 그 한 번의 선택으로 이후 수차례 관련 업무에 끌려다니는 최악의 결과가 벌어졌다. 심지어 그 일을 한다고 원래 내가 하던 일을 빼주지도 않았다. 물론 나쁜 점만 있지는 않았다. 힘든 일을 감당하니 관리자의 인정을 받고 동료직원들의 대우도 달라지고 나에 대한 긍정적인 평판이 많아졌다. 하지만, 구체적인 이득은 없었다. 근무평가 점수를 좋게 받은 것도 아니고, 금전적인 이득이 생긴 것도 아니었다. 그저 아무것도 아니었다. 내 순수한 노력과 열정이 아까웠다.

"노력. 그런 건 그저 굶주린 야수의 먹잇감이 될 뿐이지."

- 다자이 오사무, 『사양』

　이뿐만이 아니다. 일을 잘하면 잘할수록 착취당한다. 마치 먹이에 몰려드는 까마귀 떼와 같이 여기저기서 일을 잘하는 사람에게 몰려들어 쪼아 먹는다. 내가 업무를 잘 감당해낸다는 소문이 기관 내에 퍼지자 다른 부서에서까지 관련 업무를 비공식적으로 요청하기 시작했다. 물론 거절하려면 거절할 수도 있었다. 하지만 거절하면 당연히 내 평판은 저하될 것이고, 내게 업무를 부탁하는 관리자들의 면도 볼 낯이 없었다. 경력도 많고 계급도 위인 선배 공무원들의 부탁을 거절하기는 쉽지 않았다. 울며 겨자 먹기로 할 수밖에 없었다. 조직에서 요구하는 대로 다 받아주자니 내 몸과 마음이 너무 힘들었고, 그대로 하지 않으려니 조직 내에 평판이 깎이는 상황이었다. 나는 양자택일을 해야 했다. 그러나 모두 싫었다. 이런 난처한 상황은 정말 아이러니하게도 내가 열심히 일했기 때문에 벌어졌다. 내가 남들처럼 적당히 평범하게 시간 보내면서 내 이득만 챙기려 했다면 애초에 벌어지지 않을 일이었다.

공무원의 역설
– 업무능력을 숨기면서 생활해야 한다

내가 아는 선배직원 중 한 분은 요령 있게도 자신이 일을 잘한다는 사실을 숨기면서 공무원 생활을 하고 있다. 그 선배직원의 특기는 이미지 편집이었다. 그분은 각종 애플리케이션을 활용하여 이미지를 보기 좋게 편집하고 말끔하게 결과물을 내놓을 수 있는 능력이 있었다. 알고 보니 관련 직종에서 몇 년 일하다가 공직에 들어온 케이스였다. 아마 사회경험이 있어 선견지명이 있었던 것 같다. 아무도 그 직원의 이미지 편집 능력을 모르고 있었다. 그 업무 능력이 필요한 순간에도 그 선배직원은 자신은 그 일을 할 줄 모르는 척 시치미를 떼고 나서지 않으면서 생활했다. 그 일을 멋지게 한번 감당해냄과 동시에 이 직원이 그 업무 분야에 특출나다는 소문이 퍼지게 되고, 그 직원을 아무런 대가 없이 이용해 먹으려는 야수들의 먹잇감이 된다는 사실을 그 선배직원은 알고 있었던 것이다.

예시로 든 사례처럼 동영상 제작이나 이미지 편집과 같은 특수한 업무에만 한정된 이야기는 아니다. 공무원의 기본업무는 문서 작성이다. 한마디로 보고서다. 보고서를 잘 쓰는 직원으로 소문이 나면 역시나 착취당한다. 내가 근무하던 기관의 선배직원 한 분은 깔끔하고 깊이 있는 보고서 작성으로 인정받는 분이었다. 모두가 그 선배의 실력을 알고 있었기에 기관 내에서 중요한 보고서를 만들 일이 생기면 무지성으로 그 선배를 불러다가 일을 맡겼다. 당연히 그 선배직원에게 따로 주어지는 혜택은 없었다. 불합리한 지시에도 묵묵하게 일을 감당해내는 그 선배직원에게 아무런 보상이 없었다.

오로지 이용만 당할 뿐.
최소한의 감사도 존중도 없다

더 황당했던 건 최소한의 감사 표현조차 하지 않는 직원들이 많았다. 누군가 자신의 일을 아무 상관없는 다른 부서 직원이 해주었다는 것은 참 감사한 일이다. 일을 대신해준 직원에게 진심으로 감사의 마음을 표현하고, 나도 실력을 키워 이렇게 신세 지지 않고 다음에는 내 힘으로 해내리라 결심함이 온당한데 공무원들의 태도는 전혀 그렇지가 않았다. 일단 부끄러움이 없었다. 오히려 기분이 좋아 보였다. '내가 저 사람을 이용해서 내 고생 하나 안 하고 일을 끝냈다.'라는 생각인 듯했다. 다른 사람 고생시키고 나는 편하게 살고 있으니 내가 승리자라는 도취감마저 느껴졌다. 백번 양보해 속으로 그렇게 생각할 수도 있다고 본다. 하지만, 일을 대신하며 고생한 그 직원에게 감사의 마음은 반드시 표현해야 함이 사회인으로서 기본매너다. 그런데 그것도 지키지 않는 경우가 많았다.

공무원이 획일화 표준화되는 이유
- 중간만 하자, 튀지 말자, 남들처럼만 하자

지겹지만 다시 군대 이야기다. 군대 생활을 하다 보면 많이 듣는 이야기가 있다.

"중간만 해. 잘하지도 말고 못 하지도 마."

이 말은 군대라는 조직 특성에 기인한다. 군대는 병역의무를 수행하는 곳이다. 군대에 가고 싶어 간 사람은 아무도 없다. 입대한 그 날부터 전역하는 날만 기다린다. 군대에서 아무리 훈련을 잘하고 성과를 거두어봤자 의미는 없다. 사회에 나오는 순간 리셋이다. 그저 건강하게만 전역하는 게 최고다. 따라서 군대에서 무언가를 잘하면 내게 돌아오는 구체적인 이득 없이 고생만 하다가 전역하기에 '중간만 해.'라는 격언이 나온 것이다. 공직사회가 이와 꼭 같다.

물론, 어느 한 분야에 전문적인 역량을 키워서 내 인지도와 평판을 높이는 게 나쁜 것만은 아니다. 공무원들은 대부분 일정 기간(2~3년)마다 근무부서를 옮겨 다니는데 그때 일을 잘한다는 평판을 무기로 내가 원하는 부서를 골라갈 수 있는 장점도 있기는 하다. 하지만 그렇게 골라간다 해서 내게 떨어지는 구체적인 이득은 역시나 없다. 성과급이나 인센티브는 당연히 없고 근무평가 점수도 이미 언급했듯이 경력 있는 선배직원이 높은 점수를 받는다. 평판을 적극적으로 활용해 운까지 따른다면 다른 사람들보다 1~2년 정도 빠른 진급을 할 수도 있겠다. 하지만 1~2년 진급 빨리하자고 내일 남일 다 떠맡아 워라밸 없이 고생할 이유가 과연 있는지는 모르겠다. 그것도 실무직원으로 생활하는 10~15년의 긴 시절을 말이다. 지쳐가는 당신의 몸과 마음은 어찌할 것인가? 게다가 빠른 진급은 노력보다는 관운의 여파가 크다. 운칠기삼이다. 그리고 진급을 위한 노력이란 것이 꼭 일을 열심히 하는 노력을 해야 빠른 진급을 하는 것도 아니다. 일을 위한 노력 말고 다른 노력도 있다. 대표적인 것이 관리자 술 시중이다. 진급을 빨리할 수 있는 노력이란 여러 가지다.

바꾸려면 제대로 바꿔라

최근 인사혁신처에서도 이러한 불합리함을 고쳐보겠다고 나섰다. 서열과 연공 중심의 공직문화를 없애고자 다양한 대책들을 내놓았다. 경직된 조직문화와 불합리하게 일하는 방식을 일소하겠다고 한다. 무엇보다 직무 난도와 성과에 따른 공정하고 확실한 보상으로 공직 내 성과주의를 강화한다는데 언론에 발표된 내용은 이렇다.

업무성과에 따라 7급 직원이 2년 만에 5급으로 초고속 진급할 수 있는 길을 열어주고, 3년 이상 최상위 성과등급을 받은 공무원에게 50% 추가 성과급을 지급하는 장기성과급제도, 업무실적 우수자 1호봉 특별승급 제도 도입 등이다. 간단하게 말하면, 일 열심히 하면 진급도 빨리 시켜주고 돈도 많이 준다는 이야기다.

그런데, 인사혁신처에는 미안한 말이지만 수레만 요란하지 아무런 의미가 없는 대책들이다. 우수한 성과를 측정할 수 있는 구체적인 기준이 없다. 결국 근무평가 권한자들의 주관적인 판단이 기준이 될 것인데 이를 기준이라고 할 수는 없다. '성과'라는 것은 주관적 판단이 아니라 객관적 판단으로 측정되어야 한다. 또한, 장기성과급을 주거나, 1호봉 올려준다 해서 하급 공무원들의 소득액이 크게 올라가지 않는다. 공무원의 성과급 규모는 민간기업에 비하면 매우 작아서 성과급이라고 이름 붙이기도 민망한 수준이다. 굳이 의미를 두자면 국가 차원에서 이런 문제가 있다는 것을 인식은 하고 있다는 데에 작은 희망을 품을 수 있을 뿐, 실질적인 해결책은 아니다.

이제 우리는 공무원이라는 직업의 근간이며 헌법이 보장하고 있는 직업 공무원 제도의 개념까지도 재검토할 때가 되었다. 호봉제 폐지도 생각해 보아야 한다. 대한민국 건국 이래 70년간 공무원 사회에서 당연하게 여기고 있던 제도들을 원점에서 다시 살펴봐야 한다. 시대가 바뀌어도 너무 바뀌었다. 돈 좀 더 줄게 진급 좀 빨리 시켜줄게 정도의 대책으로는 공무원의 근로의욕을 고양할 수 없다. 공무원이 실질적으로 체감할 수 있는 파격적인 대책이 필요하다.

②

인센티브도 나이 경력순
합리적 보상은 먼 나라 이야기

돈과 권력만큼 효과적인 동기부여는 없다

영화 '웰컴투 동막골'에서 우연히 동막골에 들어와 지내게 된 인민군 장교는 동막골 사람들에게 존경받는 촌장에게 그 리더십 비법이 뭐냐고 묻는다. 이장은 이렇게 대답한다.

"뭘 많이 먹여야지…."

열심히 일한 회사원을 가장 기분 좋게 하는 보상은 연봉 인상이다. 사회인의 가치는 돈으로 결정된다. 적절한 금전적 대가 또는 이에 필적할 만한 보상이 없다면 아무도 열심히 일하지 않을 것이다.

공무원도 인센티브가 있다. 일반 회사원들과 다를 것은 없다. 바로 성과급과 특별진급이다. 두둑한 현금 봉투와 더 많은 권한을 가질 수 있는 진급이야말로 공무원의 동기부여를 끌어내는 특효약이다. 하지만, 공무원에게 인센티브 제도는 있지만 있는 게 아니다. 인센티브 제도가 형식적으로만 운영되기 때문이다. 특별진급은 로또 당첨보다 더 힘들고 성과급은 공정하게 지급되지 않는다.

성과급도 경력과 서열 순

우선 성과급부터 알아보자. 모든 공무원을 대상으로 1년에 한 번 지급하는 성과급은 표준지급액을 기준으로 S, A, B, C 총 4개 등급으로 직원을 평가 분류하여 그 등급에 따라 주는 돈이다. S등급은 기관 전체 인원의 20%, A등급은 40%, B등급은 30%, C등급은 10%다. 이 비율은 기관마다 약간씩 다르게 정할 수 있다. 최고 평가를 받은 S등급 직원은 표준지급액의 172.5%, A등급은 125%, B등급은 8%를 받으며 최하등급인 C등급 직원은 성과급을 지급하지 않는다.

성과급의 가장 큰 문제는 애초에 돈이 너무 적다는 것이다. 2023년 기준 9급 공무원 성과급 표준액은 228만 원. 민간기업에 비하면 너무 적어

부끄럽기까지 한 액수다. 사람인 HR 연구소에서 2022년 조사한 우리나라 기업 성과급 지급현황에 따르면 국내기업 10곳 중 6곳에서 성과급을 지급하고 있었으며, 연봉 5000만 원 기준으로 평균지급 성과급 액수는 620만 원이었다. 공무원 성과급 표준지급액으로 따지면 2급 공무원에 해당하는 액수다. 사회생활을 시작한 지 얼마 안 되는 평범한 회사원과 공무원으로서 거의 최고 자리에까지 올라간 고위공무원인 2급 공무원이 받는 성과급이 같은 것이다. 공무원들 사기가 괜히 떨어지는 게 아니다.

2023년 공무원 성과급 표준지급액

1급	2급	3급	4급	5급	6급	7급	8급	9급
6,992,400	6,306,400	5,707,000	5,035,000	4,431,700	3,810,000	3,239,400	2,690,900	2,288,000

출처: 2023 지방공무원보수업무 등 처리지침 제6장 별표

그런데 이 쥐꼬리만 한 공무원 성과급조차 업무성과와 실적으로 평가를 하지 않고 대부분 연공서열과 경력으로 등급을 매긴다. 최고 등급인 S등급과 A등급은 언제나 선배직원의 몫이다. 이유는 단 하나, 그들이 선배이고 경력이 오래되었다는 이유다. 자신이 맡은 업무에서 상당한 성과를 내고 열심히 일한 직원 입장에서는 힘이 쭉 빠질 수밖에 없다. 공무원 성과급제도는 이미 그 효용성을 잃었다. 선의의 경쟁을 유도하고 근로의 욕을 고취하기 위해 도입한 성과급제도가 이렇게 허무하게 연공서열 순으로 평가되면서 사실상 '수당'의 개념이 되어버렸다. 당장 내가 B등급을

받는다 해도 섭섭할 것도 없다. 어차피 내년 내후년 시간이 지나 내가 선배가 되면 S등급을 받게 된다. 딱히 의미가 없는 것이다.

특별진급 제도는 유명무실,
충주시 홍보맨도 특별진급하지 못했다

그렇다면 다른 보상책인 특별진급은 어떨까? 특별진급은 기관장이 의지만 있으면 언제든 해줄 수 있는 그야말로 파격적인 인센티브다. 충주시청에는 충주시 유튜브 채널을 전국 최고의 인기 유튜브 채널로 발전시킨 홍보맨 김선태 주무관이라는 7급 공무원이 있다. 딱딱한 공무원적 사고를 깨고 기발한 발상과 혁신적인 사고로 다양한 홍보 동영상을 기획해 충주시에 아무 관심 없던 사람들까지도 충주시 유튜브를 즐겨 보도록 만들었다. 아마 9급 공무원 출신 중에 가장 뛰어난 성과를 낸 공무원일 것이다. 그런데 이렇게 유례가 없는 엄청난 성과를 낸 충주시 홍보맨조차 특별진급을 하지 못했다. 김선태 주무관은 한 예능 방송에 출연해 충주시장에게 직접 특별진급을 익살맞게 요청하며 이러한 공직사회의 뿌리 깊은 불공정을 웃음으로 승화시켰다. 김선태 주무관조차 특별진급을 못한다면 그 누가 특별진급을 할 수 있을지 의문이다. 결국 진급은 무조건 경력과 서열 순이다. 김선태 주무관의 빛나는 업적마저 연공서열의 벽을 넘지 못했다. 그저 시간이 지나야 진급하는 것이다.

성과체계 없는 조직의 민낯
– 어떻게든 업무 회피하면서 시간만 보내기

아무리 일을 잘해도 진급을 빨리할 수 없고 성과급도 많이 받을 수 없다. 회사원에게 빠른 진급과 보너스가 없는데 일할 의욕이 생길 리 없다. 그래서 그저 시간만 죽이게 된다. 일은 안 할 수 있으면 안 하는 게 좋다는 신념이 굳어진다. 안 할수록 이득이다. 다시 한 번 말하지만 고통을 최소화하고 이득을 극대화하고자 하는 욕망은 나쁜 욕망이 아니다. 인간의 본능이자 자본주의 사회에서 인류문화를 발전시킨 동인이었다. 공무원으로서 내 고통을 최소화하고 이득을 극대화하는 방안은 어떻게든 일을 하지 않으면서 시간만 보내는 것이다. 시간만 가면 진급도 성과급도 모두 해결된다. 관리자가 되어 신선놀음할 수 있다.

그래서 내가 어느 부서에서 근무하는지도 공무원에게는 매우 중요하다. 공무원 사회에서도 업무가 많은 부서가 있고 적은 부서가 있다. 이 차이가 극과 극에 달하기도 한다. 편한 부서의 공무원은 실무직원이라도 아무 일도 하지 않고 시간만 보내다 퇴근하고, 힘든 부서에서는 야근과 주말 근무를 반복하면서도 업무를 미처 끝내지 못할 정도로 업무 과다에 시달린다. 앞서 언급했듯이 공무원의 목표는 '어떻게든 일을 하지 않으면서 시간만 보내는 것'이기에 업무가 적은 편안한 부서에서 모두가 근무하고 싶어한다. 하지만 당연히 그 부서에 근무할 자리는 한정되어 있다. 관리자와 상사에게 잘 보여야 하는 이유다. 그들이 나를 어느 부서에 발령 내느냐에 따라 내 운명이 갈린다. 그렇다면 방법은 하나다. 일은 열심히 안 하면서 관리자 밥시중 술시중만 열심히 들고 상냥하게 아첨하고 웃어주며 관리자의 호감을 사 인사적 이득만 따내는 식의 체리피킹 근무방식이 최근 공무원들의 근무문화로 유행처럼 자리잡고 있다.

모든 직원이 일을 안 하려고 기를 쓰고 경쟁하는 조직. 바로 공무원 조직이다. 어찌 보면 참 슬프다. 우리가 모두 알고 있는 상식과 배치된다. 일반적으로 20대 중반부터 50대까지 활발하게 경제활동을 하는 생산계층은 자신이 맡은 일이 중요할수록, 자신을 불러주는 곳이 많을수록 좋아한다. 사회에서 나에게 중요한 일을 많이 요청한다는 건 내가 그만큼 쓸모 있는 존재라는 뜻이고 그 쓸모는 재화로 환산되어 나에게 부와 명예를 가져다준다. 그 부와 명예는 모든 사람이 원하는 가치다. 나라는 사람이 이 세상에서 가장 찬란하게 빛날 기회다. 그래서 사람들은 어떻게든 일을 잘해 보려고 많이 하려고 애쓴다. 열심히 가치를 창출하려 한다. 다른 사람보다 뭐든 다르게 더 뛰어나게 더 특출나게 해보려고 한다. 부

와 명예를 위해. 나라는 사람의 존재의의를 찾기 위해. 그러나, 공무원은
딱 정반대다.

관리자가 되면 열심히 일한다.
왜냐하면 나는 일하지 않기 때문에

관리자가 되고 난 후에는 일을 대하는 태도가 확 달라지는 경우도 많
다. 실무자인 하급 공무원일 때야 내가 일하는 것이었지만 관리자는 그
저 신선놀음하며 시키기만 하면 되기 때문이다. 일은 하급 공무원들이
하지만 실적은 내 몫이 된다. 일에 대한 태도가 180도 바뀐다. 실무직원
일 때는 어떻게든 일을 피하려 하고 최악의 근무 태도를 보이던 직원들
이 팀장 직위를 달면서부터 자신의 팀으로 어떻게든 일을 끌어오려 하는
경우를 많이 보았다. 일 가져와봤자 내가 할 일이 아니라 부하직원의 일
이라고 생각하는 극도의 이기주의적 면모를 보여주기 시작한다. 실적만
자신의 몫으로 챙겨오면서 기관장이나 간부들에게 열심히 일하는 팀장
과장으로서의 모습을 보이고 싶은 욕망으로 이러한 위선적인 행동을 한
다. 막상 자신이 창조적으로 생산해 내는 것은 없다. 이런 사람들의 과거
실무자였을 때 모습을 기억하는 동료직원들은 어이가 없을 뿐이다.

일을 열심히 하려는 소수의 공무원은 대부분 50대 이상의 관리자 공무원이다. 언급했듯이 본인이 일하는 건 아니다. 말로만 시켜놓고 결과를 내놓으라고 윽박지르면 된다고 생각한다. 일을 열심히 한답시고 이 일 저 일 막 벌여놔도 자신에게 돌아오는 피해는 전혀 없다. 왜냐하면 나는 일을 하지 않기 때문이다. 하급 공무원 입장에서는 일을 안 하는 게 이득인데 일에 열심인 관리자를 만나면 울며 겨자 먹기로 고생할 수밖에 없다. 관리자는 내가 선택할 수 있는 사안이 아니다. 그저 운이다. 일을 안 하기 위해 편한 부서로 가고자 경쟁하고, 일 많이 하는 관리자를 만나지 않기 위해 기도하는 운명. 이게 바로 하급 공무원의 안타까운 현실이다.

일을 안 하는 게 이득인 곳, 당신은 그런 곳에서 평생 살아갈 것인가?

이 잘못된 공무원 사회흐름에 역행해 아무 보상도 없지만 사명감과 선한 의지를 가지고 일을 열심히 해보자 결심하는 이가 있다면 극구 말리고 싶다. 호구 잡혀 이용당하고 손해만 보게 된다. 본인만 번아웃되고 피해를 본다.

마지막으로 정리하면, 공무원은 일을 안 하는 게 이득이다. 인센티브가 없기 때문이다. 개인의 잘못이 아니다. 연공서열로만 성과를 평가하는 삐뚤어진 공직문화가 근본문제다. 사명감으로 일해야 한다는 고루한 마인드는 집어치워야 한다. 공무원도 노동자다. 자신의 이득을 위해 일한다. 이 본능을 부정하면 공산주의자나 마찬가지다.

공무원 시험을 준비하고 있는 20~30대 청년들에게도 묻고 싶다. 정말 이런 조직에서, 이런 어긋난 문화에 순응하며 어떻게든 일을 안 하려고 노력하는 사람들과 함께 평생을 보내고 싶은가? 오직 한 번뿐인 인생, 젊은 시절 내가 하고 싶은 일을 열심히 하고 성취감을 느끼고 정당한 보상을 받는 게 맞다. 설사 내가 하고 싶은 일이 아니더라도 내 수고에 대한 정당한 대가가 보장된 직업군을 찾아야 한다. 경쟁도 보상도 공정도 없는 공직사회에서 모든 꿈을 잃고 시간만 죽이자는 목적으로 살아가는 사람이 되지 마라.

③

진급은 술 술 술에 달렸다?
온정주의만 횡행

공무원 진급은 어떻게 이루어질까?

공무원에게 생명과도 같은 진급. 공무원의 진급은 어떻게 결정될까? 연공서열 순이니 그저 시간이 지나 경력만 쌓이면 당연히 되는 것일까? 결론부터 이야기하면 80%는 맞고, 20%는 틀리다.

공무원의 진급은 그 공무원을 평가하는 관리자의 근무평가 점수로 결정된다. 평가는 1년에 2번, 반기마다 시행하며 최소 2회 정도는 연속으로 근무평가 점수를 잘 받아야 진급할 수 있다.

근무평가점수는 총 100점 만점. 경력점수 20점과 관리자가 부여한 평가점수 80점으로 이루어져 있다. 관리자 부여 평가점수는 말 그대로 관리자가 내 근무 성과를 판단해 매긴 점수이고, 경력점수는 내가 얼마나 공무원 경력을 가지고 있는지 점수로 환산한 수치다. 두 점수 모두 높아야 함은 물론이다.

우선 경력점수는 내가 점수를 높이고 싶다고 마음을 먹어봐야 아무 소용이 없다. 관리자가 개입할 여지가 있는 것도 아니다. 말 그대로 경력점수다. 오래 근무하면 할수록 그에 따라 점수가 올라간다. 시간만이 답이다. 내 근무 성과나 워크에식과 아무 상관이 없는 점수다.

결국 중요한 점수는 관리자의 평가점수다. 비율이 80%로 경력점수보다 매우 높기 때문에 어떻게든 관리자의 마음에 들어 좋은 근무평가 점수를 받아야 한다. 근무평가점수를 매기는 상세한 방법은 '공무원 성과평가 등에 관한 규정' 또는 각 지방자치단체의 조례나 규칙 등으로 명확하게 규정되어 있다. 공무원의 인사는 가장 민감한 분야고 작은 실수도 용납하지 않는 극도의 공정함이 요구된다. 그러나 그 규정을 자세히 알 필요는 없다. 어떤 규정이 있든지 관리자가 그 직원을 좋게 생각하느냐 나쁘게 생각하느냐가 모든 것을 결정한다. 결과는 끼워 맞추면 그만이다.

관리자가 부하 직원을 평가하는 방법
- 경력과 친밀도가 최우선

그러면 관리자들은 어떤 직원에게 좋은 근무평가 점수를 줄까? 나름대로 논리와 기준이 있어야 한다. 평가 권한자의 명확한 논리와 기준이 없다면 좋지 않은 평가점수를 받은 직원의 항의가 있을 수 있고, 결과적으로 조직 내 평판을 잃게 되어 관리자로서의 권위를 잃는다. 관리자들이 근무평가점수를 부여할 때 참고하는 평가요인은 대체로 다음과 같다.

- 근무경력
- 관리자와의 친밀도, 충성심
- 업무성과
- 중간관리자들의 의견

관리자는 이 4가지 기준을 적절하게 조합하여 자신이 거느리고 있는 부하 직원의 평가점수를 결정한다.

당신이 관리자라면 어떤 기준을 가장 중요시할 것인가? 어떤 기준이 가장 공정한가? 아마도 대부분의 사람은 업무성과를 선택할 것이다. 부하 직원들이 6개월간 수행한 업무목록을 살펴보고 그 업무의 중요성, 업무량, 난도 등을 정리하여 가장 고생한 직원에게 높은 평가점수를 줘야 함이 마땅하다.

중간관리자들의 의견도 경청하여 반영할 필요가 있다. 6급 이하 공무원의 근무평가 점수는 대부분 국장이나 실장 등 기관장 바로 아랫급의 임원급 관리자가 담당한다. 임원급 관리자는 실무직원들과 생활을 같이 하지는 않고 보고만 받는 경우가 많으므로 그 직원의 워크에식이나 인격 수준까지는 파악하기 힘들다. 그런 모습은 하루 종일 같은 사무실에서 동고동락하고 있는 팀장과 과장들이 가장 잘 알고 있다. 그래서 중간관리자의 의견을 반영해야 한다. 그 직원의 진짜 모습이 어떤지 들어볼 수 있고, 중간관리자들의 평가의견도 어느 정도 인정해 줘야 그들도 면이 서기 때문이다. 관리자가 그 어떤 의견도 듣지 않고 독단적으로 부하 직원들의 점수를 매겨서는 안 된다.

근무경력과 관리자와의 친밀도는 원칙적으로 근무평가 점수에 아무런 영향을 끼치지 않아야 공정하다고 할 수 있다. 근무경력은 이미 따로 20% 비율이 배분되어 있는 근무경력 점수로 환산되기 때문에 다시 중복해서 근무경력을 고려하여 선배직원에게 높은 점수를 이중으로 부여하는 혜택을 줘서는 안 된다. 관리자와의 친밀도, 충성심은 굳이 언급할 필요도 없다. 사적 감정이 근무평가에 개입되어서는 안 된다. 만약 이 부분을 중요시하는 관리자라면 그 관리자는 최악의 관리자다.

하지만, 정말 불행하게도 대부분 관리자는 근무경력과 자신과 그 직원의 친밀도로 근무평가 점수를 결정한다. 업무성과는 전혀 고려하지 않고 중간관리자의 의견도 거의 영향력이 없다.

관리자가 불공정한 평가를 하는 이유

관리자가 이렇게 불공정하고 불합리하게 부하 직원들의 평가점수를 매기는 이유는 두 가지다. 첫째, 부하 직원들의 절대복종과 충성심을 통해 관리자로서 쾌락을 즐길 수 있다. 둘째, 자신의 업무 부담을 줄일 수 있기 때문이다.

관리자가 부하 직원들의 충성심으로 누릴 수 있는 쾌락은 여러 가지다. 내 명령에 무조건 복종해야 하는 사람들과 함께 시간을 보내는 일은 생각보다 재미있다는 것을 사람들은 잘 모른다. 술 마시고 밥 먹으면서 부하 직원들과 수다 떨고 노래방 다니고 등산 다니고 하다 보면 그보다 재미있는 것을 찾기 힘들다. 사실상 직장은 유흥주점과 마찬가지가 된다. 유흥주점이나 토크바에서 술을 마시면 술 시중을 드는 직원이 룸에 들어와 내 이야기를 들어주고 웃어주고 맞장구쳐주며 돈을 받아간다. 꽤 많은 돈을 받는다. 수십만 원은 우습고 경우에 따라서는 수백만 원까지 하룻밤에 사라진다. 내 말을 잘 들어주고 맞장구 쳐주고 술 따라주고 기분 맞춰주는 사회적 비용은 사회적으로 상당히 높게 평가되어 있다. 감정노동이 그만큼 힘들다는 이야기다. 관리자들도 사람인데 합법적으로 이 쾌락을 즐길 수 있는 권리를 놓칠 리 없다. 유흥주점에서 하룻밤 수십 수백만 원 주고 누릴 수 있는 쾌락을 직장에서 해결할 수 있다. 부하 직원들이 그 역할을 한다. 돈은 회식이라는 구실로 회삿돈으로 쓰면 된다.

이런 쾌락을 관리자가 자주 즐기다 보면, 자신의 술 시중, 밥 시중을 매일같이 들면서 비위를 맞춰준 직원에게 근무평가 점수를 높게 주지 않을 수 없다. 결국 자신의 근무평가 권한을 한낱 쾌락에 가져다 판 결과가 된다.

두 번째로, 관리자 자신의 업무 부담을 줄일 수 있다. 관리자의 일은 '잘한 사람 상 주고 못한 사람 벌주는 것'이라고 이미 언급한 바 있다. 언뜻 들으면 간단하고 쉬운 말이지만 알고 보면 매우 어려운 일이다. 현재 청년 세대의 시대 가치인 '공정'과 맞닿아 있다. 잘하고 못한 것을 어떻게 평가한다는 이야기인가? 공무원의 일은 성과측정을 하기 힘든 업무들이 대부분이다. 사기업처럼 매출을 올리고 돈을 버는 조직이 아니다. 온종일 주민등록등본 등 민원서류를 떼고 있는 직원들을 어떤 객관적 기준으로 줄 세울 수 있을까? 쉽게 판단할 수 없는 문제다.

하지만 그게 관리자 공무원의 일이다. 어려워도 해내야 한다. 그리고 이 세상 모든 직업이 다 그렇다. 자기 밥 벌어 먹고사는 사람 중에 어렵지 않은 일이 있는가? 바다 수온이 높아져 물고기가 줄어들어도 어부는 배를 몰고 망망대해 바다로 나간다. 악조건 속에서도 어떻게든 물고기를 잡아내야 한다. 경제가 어려워도 기업은 매출을 올려야 한다.

공무원도 마찬가지이지만 관리자들은 그냥 직무유기해 버린다. 그래서 경력 기준으로 직원들을 간단하게 줄 세워 버린다. 경력을 기준으로 하면 말 나올 여지가 없다. 근무평가 점수를 낮게 받은 누군가가 왜 내게 평가점수를 이렇게 낮게 줬느냐며 항의하면 '경력'에 따라 점수를 주었다고 설명하면 된다. 경력만큼 쉽고 간단하게 내 책임을 면피하면서 고민을 줄여줄 수 있는 쉬운 기준은 없다.

가끔은 두 가지 기준이 상충하는 경우도 있다. 경력이 많은 직원과 술상무를 많이 한 직원이 서로 경쟁한다면 누구에게 근무평가 점수를 높게 줄까? 정답은 없다. 관리자의 마음에 달려 있다. 내가 본 대부분의 케이스는 이 두 가지 기준이 한 사람에게 겹쳐져 있어 큰 문제가 되지 않는 경우가 많았다. 관리자가 경력이 많은 직원에게 술상무 역할을 맡겨 버리기 때문이다. 경력도 오래되었고 술상무도 했으니 좋은 근무평가 점수를 당연히 가져가게 된다.

하지만 그래도 상충하는 경우가 발생하면 대부분 관리자는 술상무에게 높은 근무평가 점수를 준다. 6개월을 매일같이 밤낮도 주말도 없이 술상무를 했으니 숫자로만 보여지는 경력이라는 기준보다는 관리자의 마음이 더 혹할 것이다. 더 심한 경우에는 금전 제공이나 사적인 노동력을 관리자에게 제공하는 사태까지 심심찮게 벌어진다. 당연히 규정을 위반하는 행동이며, 직위와 권한을 사적으로 활용한 관리자의 갑질이지만 뒤에서 은밀하게 벌어지기 때문에 대부분 직원은 눈치 채지 못한다. 내부고발도 쉽지 않다. 나에게 높은 평가점수를 줄 수 있는 권한이 있는 사람이다. 1~2년 참고 진급하면 그만이기 때문에 불합리한 처우를 받아도 참는 게 유리하다.

경쟁이 치열하다 보니 명절이나 연말·연초에 관리자에게 감사 인사라는 명목으로 상당한 금액의 선물을 사다 주는 공무원들도 많다. 일단 받았으면 모른 체하기 힘든 법이다. 평가점수에 결정적인 역할을 할 수 있다.

온정주의의 득세,
공직은 완전히 무너졌다

　부하 직원들의 업무성과를 객관적으로 수치화하는 작업 없이 이런 불합리하고 불공정한 방식으로 공무원의 근무평가 점수는 결정되고 진급 절차 또한 마무리된다. 관리자 자신의 쾌락을 위해, 그리고 직무유기라는 극히 이기적인 이유로 공무원 조직 전체가 썩어 들어가고 있다.

　인센티브가 없는 공무원 조직에서 거의 유일한 경쟁요소이자 근로의욕 고취 요인인 진급마저 이렇게 온정주의와 단순 연공서열로 결정되어버리니 업무에 집중하는 직원이 있을 리 만무하다. 일을 열심히 해서 성과를 내기보다 그 시간에 상사 밥 시중, 술 시중 한 번 더 들어주는 게 이득이다. 술자리에서 건배사 멋있게 하고 분위기 띄우는 방법을 터득하면 더 좋다. 술자리에서 상사를 즐겁게 해주면 상사는 술자리가 있을 때마다 그 직원을 부를 것이고, 근무평가 점수는 당연히 따라온다.

　업무보다 개인 간의 친밀도가 우선시되는 공직사회의 이러한 온정주의식 진급 문화는 여러 가지 문제를 불러일으킨다. 업무가 뒷전이 되어 국민이 누려야 할 공공서비스의 질이 떨어진다는 점은 언급할 필요조차 없겠다. 무엇보다 무사안일만을 바라며 열심히 일하지 않는 공직문화가 완전히 자리를 잡았다. 열심히 일하는 사람은 바보 취급을 당한다. 사실 바보가 맞다. 돈을 더 받는 것도 아니요, 진급을 빨리 하는 것도 아니요, 내 이득 하나도 없이 남 좋은 일만 하는 사람은 바보다.

하급 공무원들의 워라밸이 만신창이가 되어 가정을 돌보지 못하는 것도 심각한 문제다. 관리자들은 하루가 멀다고 술자리를 원한다. 반복해서 말하지만 이들이 인생에서 누릴 수 있는 가장 큰 쾌락이다. 그것도 내 돈 드는 일도 아니다. 술값 밥값은 법인카드, 회삿돈으로 결제하기 때문이다. 내 돈도 아니고 회삿돈으로 유흥주점에서 즐길 수 있는 정도의 쾌락을 매일같이 누릴 수 있는데 그 기회를 놓치려 하지 않는다. 저녁 술자리도 모자라 1박 2일 워크숍과 체육대회를 개최하는 경우도 흔하다. 워크숍은 무조건 주말을 끼고 1박 2일로 진행하기 때문에 말단 공무원들의 박탈감은 배가된다. 결국 진급을 위해서 하급 공무원들은 모든 여가시간을 포기해야 한다. 주중에는 일하고 야간에는 술 시중 들고 주말에도 여행 따라가서 놀아주고 술 마시고 몸에 병이나 안 나면 다행이다. 홍삼 스틱과 각종 영양제를 아침저녁으로 털어 넣으며 버틴다. 이 모든 불합리한 상황은 온정주의로 점철된 공직문화의 문제다. 관리자와 친밀도를 쌓지 않으면 진급하기 어렵다.

그냥 진급 안 하면 안 돼?

이 정도로 진급 과정이 불공정하고 자신의 사생활을 모두 포기해야 할 정도라면 그냥 진급을 포기하면 되지 않는가? 라고 물어볼 독자도 있을 수 있겠다. 물론 그것도 가능하다. 다른 직원들보다 진급 시기가 조금 늦을 수는 있겠지만 근속승진이라는 규정도 있고 어쨌든 경력이 진급에서 큰 비중을 차지하고 있기에 시간만 보내면 어떻게든 진급은 할 수 있다. 실제로 MZ세대 공무원 중 일부는 이러한 신념을 갖고 있다. 온정주의 문화와 결별하고 진급을 늦게 해도 좋다는 생각으로 워라밸을 지키며 편안하게 공무원 생활을 하고 있다.

하지만 그런 공무원들은 생각보다 많지 않다. 공무원이 조금이라도 더 빠른 진급을 원하는 그 근본적인 이유는 관리자 공무원과 실무 공무원의 근무여건 차이가 너무나 현격한 데에 기인한다. 이미 언급했지만 관리자 공무원은 아무 하는 일 없이 신선놀음하는 자리이며, 실무 공무원의 고생은 이루 말로 할 수 없을 정도다. 이렇게 현격한 차이가 벌어지다 보니 하급 공무원들은 하루빨리 이 고생스런 위치를 벗어나고 싶은 것이다. 한시라도 빠르게 관리자 공무원으로 진급해서 신선놀음하고 싶다는 생각으로 가득 차 있다. 그래서 이런 비합리적인 처지를 감수하면서 관리자의 마음을 얻기 위해 최선을 다한다.

관리자만의 잘못은 아니다.
위나 아래나 본질은 똑같다

어떻게 보면 관리자 공무원만 비판할 일은 아닌 듯싶다. 관리자든 실무 공무원이든 그 마음 상태가 같기 때문이다. '어떻게든 일을 안 하고 싶다. 놀고만 싶다.'라는 마음은 똑같다. 관리자는 그 마음 상태를 그대로 행동으로 실현할 수 있고, 하급 공무원은 그 마음을 지금 당장은 겉으로 드러낼 수 없을 뿐이다. 결국 하급 공무원들도 '빨리 진급해서 저 사람처럼 놀면서 지내야지.'라는 목표를 가지고 있다. 생각해 보면 얼마나 비참한가. 일하지 않기 위해 일을 하는 현실이다.

9급 공무원을 준비하고 있는 분들은 꼭 다시 생각해 보았으면 한다. 정말 당신의 인생 목표가 아무 일도 하지 않고 편안하게 사는 것, 그것밖에되지 않는지 말이다. 내 인생의 최종목적이 그저 부하 직원들과 술이나마시고 왕 놀이나 하고 대접이나 받고 거들먹거리면서 맡겨진 일은 직무유기하고 탱자탱자 하루하루 살아가는, 그게 정말 나라는 사람의 존재목표일까. 이 질문에 No라고 답변하는 사람이라면 당신은 절대 9급 공무원이라는 직업을 선택하면 안 된다.

5장

공무원이 하는 일

업무
여건

아무 보람이 없다
그저 관례대로 관습대로

검사와 의사가 최고의 직업인 이유

2023년 5월 1일. 법무부 청사에서 열린 신임 검사 임관식에서 한동훈 법무부 장관이 말했다.

"생활인으로서, 직업인으로서, 밥 벌어먹기 위해 하는 일의 기준이 공정과 상식이라서 참 좋았다."

한동훈 법무부 장관은 검사 출신이다. 검사로 평생을 살아온 사람이기에 새파란 신임 검사들 앞에서 하고 싶은 말이 오죽 많았으랴만 검사라는 직업의 좋은 점을 이런 식으로 설명하는구나 내심 감탄했다. 그리고 참 검사라는 직업이 부럽다는 생각을 했다.

범죄를 저질러 무고한 국민에게 피해를 준 범인의 죄목을 낱낱이 밝혀 정의의 이름으로 심판하는 검사라는 직업은 모든 사람이 열망하는 공정과 상식의 가치에 정확하게 부합한다. 내 노력이 공공선을 이룬다. 사익과 공익이 일치한다. 돈과 명예는 물론이요, 내가 하는 일이 국가와 사회를 위해 기여한다는 사실이 명확하게 눈으로 보인다.

의사도 마찬가지다. 환자의 목숨을 살려내기 위해 몇 시간이고 수술방에서 진땀을 흘린다. 생명을 잃을 뻔했던 환자가 내 수술을 받고 건강을 회복해 퇴원하는 모습을 본다면 얼마나 행복할까 싶다. 한 사람은 하나의 우주와 같다. 하나의 우주를 살려내는 직업이다.

돈이든 보람이든 하나라도 확실한
직업을 가져야 한다

물론 모든 직업이 검사나 의사처럼 가시적인 보람을 느낄 수 있는 직업은 아닐 테다. 특히 평범한 회사원이라면 더욱 그렇다. 회사원은 자신이 속한 회사를 위해 일하는 부속품 같은 존재이기 때문에 내 자아를 실현하고 인생의 가치를 찾는 직업으로서는 부적절하다. 회사의 목표를 위해 일하는 것이지 내 목표를 위해 일하는 것은 아니다. 회사원 개인에게 중요한 건 내가 일한 만큼 정당한 대가를 가져갈 수 있느냐다.

결국 직업은 돈과 보람, 둘 중 하나는 있어야 좋은 직업이라고 볼 수 있다. 검사나 의사, 연예인처럼 둘 모두를 가져가는 직업은 최고의 직업이다. 모두가 선망한다. 하지만 그렇기에 모두가 될 수 없는 직업이다. 경쟁이 치열하다. 되기 어렵다.

그 다음은 둘 중 하나라도 있는 직업이다. 보람이든 돈이든 하나만 확실해도 직업의 만족도는 크다. 당연히 최악의 직업은 둘 다 없는 직업이다. 경제적 소득도 적고 보람도 없는 직업. 이런 직업을 가지고 있는 사람이라면 최대한 빠른 시간 내에 둘 중 하나라도 있는 직업을 가질 수 있도록 노력해야 한다. 그 자리에 노력 없이 계속 맴돌면 내 삶의 만족도는 시간이 갈수록 떨어질 수밖에 없다.

돈도 보람도 없다
- 9급 공무원이 하는 일

9급 공무원은 안타깝게도 돈도 보람도 없는 직업이다. 돈이 없다는 것은 이미 서두에 설명했다. 최저임금 수준의 박봉 직업이다. 그런데 보람마저 없단 말인가? 실망스럽겠지만 그렇다. 원래 공무원은 돈은 없어도 보람으로 하는 직업이었다. 영화 〈베테랑〉에서 정의로운 경찰 역을 맡은 황정민은 '우리가 돈이 없지 가오가 없냐.'라고 고함친다. 가오가 곧 보람이고 사명감이다. 공무원들은 특히 이 사명감이란 말을 좋아한다. 국가와 국민을 위해 봉사하는 사명감, 그 보람으로 하는 일이 공무원이다. 그런데 왜 지금은 공무원에게 보람마저 없어졌을까? 공무원이 하는 일이 구체적으로 무엇인지 분석해 보면 자연스럽게 그 이유를 알 수 있다.

공무원의 일은 크게 사업과 대민서비스, 지원 3가지로 나누어진다.

사업이란 국가가 국민에게 제공하는 모든 종류의 업무를 말한다. 작게는 공원을 관리하고 도로를 청소하는 것에서부터 크게는 도서관을 짓고 공원을 만들고 축제를 개최하는 등 그 종류가 무궁무진하다.

대민서비스는 직접 국민과 얼굴을 맞대고 무언가를 구체적으로 제공하는 일이다. 사업도 크게 보면 국민에게 제공하는 일이지만 대민서비스는 그 범위가 1~2명 소수에 한정되어 있다. 작게는 수천 명 크게는 수십 수백만 명이 영향을 받는 사업과는 다르다. 동 주민센터에서 주민등록등본을 떼주거나 복지직 공무원의 복지서비스가 이에 해당한다. 우리나라 공무원 대부분은 사업이나 대민서비스 분야에서 일하고 있다.

마지막으로 지원업무는 사업이나 대민서비스를 담당하는 공무원들이 그 일을 잘 감당할 수 있도록 뒤에서 지원하는 업무다. 군대로 따지면 보급부대다. 공무원들 월급도 주고 장비도 마련해 주고 불편한 점이 있으면 해결해준다. 공무원을 위한 공무원들이다.

무조건 관리자가 시키는 대로, 예전에 했던 대로, 내 주체성은 절대 발휘할 수 없다

사업, 대민서비스, 지원 어떤 분야에 종사하고 있든지 공무원은 보람을 느끼기 힘들다. 이유는 하나다. 내 뜻대로 일할 수 없기 때문이다. 담당업무에 대해 주체적으로 일을 추진할 수 있는 권한이 없다. 시키는 대로만 해야 한다.

내가 담당하는 작은 회의 하나도 내 마음대로 할 수 있는 것이 없다. 그 회의에 사용되는 현수막과 명패 색깔까지 관리자의 결재를 받아야 한다. 내가 작성한 보고서의 글씨 크기와 줄 간격까지 제멋대로 수정하는 관리자들이 많다. 실무를 담당하는 하급 공무원 입장에서는 미칠 노릇이다. 모든 일을 이런 식으로 해야 하니 내가 기계인지 사람인지 헷갈린다. 그 어떤 일을 해도 보람을 느낄 수 없다. 내 뜻이 반영된 일이 아니라 오롯이 관리자의 뜻만 반영되기 때문이다.

이는 하급 공무원에게만 해당하는 것은 아니다. 관리자가 되어도 마찬가지다. 관리자조차 할 수 있는 일의 범위가 극히 좁다. 기관장의 지시와 각종 조직 차원의 관례 · 관습이 공무원의 자율성을 짓누른다. 내가 평소에 생각하던 새로운 사업을 시작하고 싶어도 관례에 맞지 않으면 시행할 수 없다.

대민서비스 분야는 더욱 심각하다. 애초에 이 분야는 자율성이 없는 분야다. 등본을 떼주고 복지 행정을 하는데 자율성이 어디 있겠는가? 법령과 지침에 따르기만 하면 된다. 괜히 융통성 있게 업무를 추진했다가 규정을 어겼다는 이유로 징계를 받을 수도 있다.

인생의 보람이란, 내 자유의지로 살아가면서
성장할 때 생기는 것이다

보람과 자부심은 '나'의 자율의지로 성과를 이루어냈을 때 생긴다. 다른 사람의 의지로 이루어낸 성과는 개인의 성장에 아무런 도움도 되지 못한다. 존 스튜어트 밀은 '자유론'에서 다른 사람의 강요에 의해 올바른 길로 나아가는 것보다 설령 결과적으로 잘못된 길일지라도 개인의 주체적인 선택으로 그 길을 나아가는 것이 그 사람의 발전에 더 도움이 된다고 말했다. 사람은 그렇게 성장하는 것이다.

이제 막 프로야구 무대에 데뷔한 신인선수가 타석에서 소극적으로 가만히 서 있기만 하고 감독 말만 따라 하면 성장하지 못한다. 자기 생각대로 마음껏 스윙해보고 삼진도 당해보고 땅볼도 쳐보고 이것저것 내 주체적으로 맞부딪치며 성장하는 것이다. 그 과정에서 감독이나 코치의 조언이 도움이 되는 것이지 감독이나 코치의 말에 무조건 복종하는 선수에게는 미래가 없다.

공직사회에 뿌리 깊게 박혀 있는 상명하복과 관리자의 마이크로매니징이 하급 공무원들의 업무의욕을 떨어뜨리는 일등공신이다. 공무원이 자부심과 보람을 가질 기회를 완전히 박탈시키고 궁극적으로 공무원 각 개인의 발전도 정체된다.

공직사회는 군대가 아니다. 관리자는 정책의 시행 여부와 방향성을 결정하는 자리이지 보고서 형식이나 현수막 색깔이나 지적하고 고쳐대는 마이크로 매니징을 하는 자리가 아니다. 과감하게 하급 공무원을 믿고 세부적인 내용은 위임해야 한다. 위임하지 못하는 관리자는 용기가 없는 관리자다. 물론 위임한 결과가 좋지 않을 수 있다. 내 마음에 들지 않을 수 있다. 하지만 최종적으로는 그 과정을 통해 개인은 더 발전한다. 개인이 발전하면 조직도 발전한다. 관리자는 호밀밭의 파수꾼처럼 하급 공무원들이 마음껏 자기 생각을 그 담당업무 분야에서 발휘할 수 있도록 자율성을 주고 큰 실수를 저지를 위험이 있을 때만 개입하여 지켜주면 된다. '잘한 사람 상 주고, 못한 사람 벌 주는' 일이 관리자의 가장 기본적인 업무임을 다시 한 번 상기해 본다.

하급 공무원의 자율성을 허하라.
과감하게 위임하라. 그것만이 답이다

우리나라 행정절차의 근간인 '품의제'도 과연 이 시대와 맞는 제도인지 다시 검토해 보아야 한다. 품의제란 담당 실무자가 어떤 행정적인 결정이나 처분을 할 필요가 있을 때, 문서를 작성하여 조직편제에 따라 관리자들의 결재를 받아 업무를 처리하는 제도를 의미한다. 문제는 관리자가 한 명이 아니라는 데 있다. 최소한 2명, 많게는 5명까지 결재를 받아야 한다. 결재과정에 많은 사람의 의견이 섞이고 그 의견을 모두 반영해야 한다. 그 5명의 관리자가 얼마나 그 문제에 관심이 있겠는가? 담당자만큼 상황을 잘 알고 있지도 않다. 담당자로서 확고한 의견을 내는 것도 사실상 불가하다. 공직사회는 절대복종과 상명하복으로 움직인다. 관리자는 언제나 자기 뜻대로 되길 원한다. 담당자의 의견 따위는 고려하지 않는다. 괜히 찍힐 바에야 상사 하는 말에 네네 알겠습니다, 수긍하는 게 편한 길이다. 결국 이 사람 저 사람 의견을 모두 반영하다 보니 문서는 엉망이 되고 담당자 본인이 갖고 있던 의지와 주관은 어느새 저 멀리 사라져 버린다. 한 사람 한 사람 관리자의 결재를 거치면서 실무 공무원의 뜻은 꺾여 간다. 내 마음대로 할 수 있는 것이 아무것도 없다는 것을 깨달으며 아무런 자부심도 보람도 느끼지 못하게 된다. 중간관리자들도 마찬가지다. 본인이 이런저런 추진 방향을 정하고 결재했는데 그 위에 관리자가 다 엎어버린다. 본인이 결재할 이유가 없어진다. 그들의 주관도 없어진다. 어차피 내 뜻대로 되지도 않을 텐데 다음부터는 그냥 상사한테 100% 물어보고 진행해야겠다는 생각이 자연스럽게 든다. 그렇게 공직사회에 생각 없는 좀비처럼 적응해 가는 것이다.

2022년 직장인들이 꼽은 가장 행복도가 높은 기업은 구글코리아였다. 소셜네트워크 플랫폼 블라인드에서 한국노동연구원과 공동개발한 지표로 소속직원들의 행복도를 산출한 결과다. 구글코리아가 1위를 할 수 있었던 이유는 직급이 낮은 직원이라도 어떤 의견이든 말할 수 있다는 심리적 안전감으로 나타났다.

관리자 앞에서 자유롭게 말할 수 있는 권리, 내 뜻대로 일하는 방식과 방향을 조정할 수 있다는 통제감을 하급 공무원에게 부여해야 한다. 물론 공무원에게만 해당하는 이야기는 아니다. 그래서 최근 기업들은 끊임없이 변화하고 있다. 직원들의 자율성을 존중해주지 않으면 기업의 성장도 불가능하다는 것을 알고 있다. 어떻게든 직원들의 기를 살려주려 한다. 파격적으로 30대 젊은 직원을 임원으로 승진시키기도 하고, 수평적 조직문화를 위해 직위 간 호칭을 없애버려 전 직원이 서로 직위가 아니라 이름을 부르며 일을 한다. 하급 실무자에게 업무의 목적만 지시하고 완전히 자율성을 부여하여 담당자가 그 어떤 결재도 받지 않고 자유롭게 예산을 사용하며 업무를 추진하는 경우도 있다. 공무원에게는 꿈과 같은 이야기다. 이런 수준의 개혁적인 조치는 바라지도 않는다. 공무원의 의견을 어느 정도 반영해주고 자유롭게 이야기할 수 있는 분위기만 만들어 줘도 숨통이 트일 것이다. 그러나 절대복종 눈치백단 공무원 사회에서 현실은 까라면 까야 한다. 튀지 마라 의견내지 마라 시키는 대로 해라 닥

치고 조용히 살아라다. 바뀌지 않는 안타까운 현실이다.

2

악성민원에 당하고 또 당하고
아무도 지켜주지 않는다

갑질 민원 천국 대한민국.
언제까지 공무원이 죽어 나가야 하는가?

최근 서울의 초등학교 선생님 한 분이 학교에서 극단적인 선택을 하는 일이 벌어졌다. 아직 정확한 조사결과는 나오지 않았지만 불합리한 학부모 민원으로 선생님이 큰 고통을 당하고 있었던 것으로 알려져 많은 이들의 공분을 샀다. 전국에서 선생님들이 들고 일어섰다. 언제까지 학부모 악성민원에 시달릴 수 없다, 학생을 제대로 통제할 수 없는 선생님으로 더 이상 살아갈 수 없다며 정부를 상대로 교권을 지켜달라는 시위를 진행하고 있다. 국민여론도 지금은 선생님의 편에 서 있는 듯하다.

이러한 상황을 지켜보며 일반행정 공무원으로서 약간 박탈감이 들었다. 악성민원 때문에 극단적인 선택을 한 공무원들도 정말 많은데, 그런 일은 아무런 사회적 이슈도 되지 않았다. 선생님만큼 악성민원에 시달리는 사람들이 바로 공무원이다. 경우에 따라서는 더하다. 2016년 광주광역시에서는 한 기초생활수급자가 복지수당 지급액수에 불만을 품고 동주민센터에 불을 지르는 일이 벌어졌다. 단순한 방화가 아니었다. 1리터에 가까운 휘발유를 주민센터에 들이붓고 불을 질렀다. 학생이나 학부모가 학교에 와서 기름을 붓고 불을 지르지는 않지 않는가? 확실한 건 선생님이든 공무원이든(교사도 크게 보면 공무원이긴 하지만) 아무 대책 없이 악성민원에 당하고 있다는 사실이다.

민원이 필요 없다는 뜻은 아니다.
민원인은 감사한 존재다

공무원과 민원은 떼려야 뗄 수 없다. 민원을 처리하기 위해 공무원은 존재한다. 알고 보면 공무원의 모든 업무는 민원과 관련이 있다. 도로변에서 청소하는 공무원이나 보고서를 쓰는 공무원이나 모든 그 업무의 뿌리는 민원에 있다. 공무원은 국민의 행복하고 편안한 삶을 위해 종사한다. 작은 민원이든 큰 민원이든 공무원이 민원 해결에 최선을 다해야 하는 이유다.

민원이 나쁜 점만 있는 것도 아니다. 민원이 없으면 나라가 발전할 수 없다. 민원을 제기하는 국민에게 감사할 줄 알아야 한다. 개인주의가 팽배하고 '알빠노' 관념이 유행하는 이 시대에 나랏일에 관심을 가지고 인터넷으로 전화로 민원을 제기해준다는 것 자체가 공익에 기여하는 것이다. 필자는 진심으로 민원을 제기하는 국민을 존중한다. 그들이 있어 국민 생활이 조금이나마 편해지고 행복해진다.

공무원 입장에서도 민원을 제대로 해결했을 때의 기쁨은 크다. 사람은 이기적으로 행동할 때보다 다른 사람을 행복하게 해줄 때 더 보람을 느낀다. 쓰레기로 뒤덮인 거리를 치워 달라거나 공공시설물이 파손되었으니 고쳐 달라거나 여러 종류의 민원을 해결해주고 민원인에게 감사 인사를 받으면 그보다 더 큰 공무원의 보람은 없다. 일 잘해서 관리자에게 칭찬받는 것보다 더 큰 기쁨이다. 공무원은 이 보람으로 살아가는 것이고, 이 보람이 쌓였을 때 공무원으로서의 자존감이 생긴다.

복지업무를 담당하고 있을 때, 임대주택을 신청하고 싶은데 어떻게 신청하는지 잘 몰라 도움을 요청하는 주민이 있었다. 말도 서투르시고 교육 혜택을 제대로 받지 못해 사회생활이 힘든 분이었다. 마음이 동했다.

임대주택에 대해 전혀 몰랐지만 내 일처럼 알아봤다. 서류도 준비해 드리고 개인 전화번호까지 알려드리면서 궁금한 게 있으면 언제든지 연락해 달라고 했다. 결국 신청절차가 잘 마무리되었고 임대주택에 들어가실 수 있게 되었다. 얼마 후 정말 고맙다면서 나에게 감사 인사를 오셨다. 그분이 가져오신 비타500 한 병이 너무 달고 달았다. 그 어떤 비싼 영양제보다 힘이 나는 듯했다. 마음이 참 따뜻했다. 이 맛에 공무원 하나 싶었다.

악성민원은 이와 꼭 반대다. 악성민원인은 법령상 가능하지 않은 사안을 가지고 내 뜻대로 처리해달라며 떼를 쓴다. 떼만 쓰면 다행이다. 욕설과 폭행을 동반한다. 최근 여성 공무원이 많아지면서 악성민원인들의 폭언 폭력 행태는 더 심해지고 있다. 매일같이 폭언을 듣다가 우울증과 공황장애를 호소하며 신경정신과 신세를 지고 있는 직원들이 부지기수다. 지난 8월에는 한 세무서에서 민원인을 응대하던 공무원이 쓰러져 숨지는 일까지 발생했다.

국가는 악성민원에 고통당하는 공무원에게
아무 관심이 없다

이토록 악성민원 문제가 심각하지만 국가는 꿈쩍하지 않는다. 악성민원을 대하는 공공기관이나 지방자치단체의 불합리한 대응체계를 바꾸려 하지 않는다. 어떤 악성민원인이 동주민센터에서 업무를 보고 있는 공무원에게 자신이 해달라는 대로 민원을 처리하지 않는다며 온갖 욕설을 내뱉고 있다고 가정해보자. 당장 경찰에 신고하고 주변에 있는 직원들이 합세하여 그 악성민원인을 엄하게 제지해야 하지만 현실은 그렇지 못하다. 동장 등 관리자들은 그저 죄송하다면서 오히려 악성민원인을 달래는 데 급급하다. 심지어 법령에 어긋나는 일인데도 유야무야 민원을 처리해 주기도 한다.

오히려 폭언·폭행을 당한 공무원에게 사과를 종용할 때도 있다. 이유 없이 욕먹은 것도 억울한데 사과까지 종용당하니 정신적 상해가 없을 리 없다. 원칙을 지키지 못하고 이런 식으로 대응하니 악성민원인이 더 활개를 치는 악순환이 계속되고 있다. 동주민센터에 와서 불 지르고 공무원 때리고 심지어 칼부림까지 하는 사례가 괜히 생기는 것이 아니다. 바늘도둑이 소도둑 된다고 폭언해도 극진히 대접해 주니까 폭언에서 폭행으로 폭행에서 방화로 칼부림으로 계속 그 강도가 올라가는 것이다.

상황이 이리 심각한데도 국가 차원에서 실질적인 대책은 없는 실정이다. 욕을 먹는 공무원만 날로 지쳐가고 책임을 지는 이는 아무도 없다. 욕먹고 사과하고 울고 신경정신과 가서 약 먹으면서 버티는 방법밖에 없다. 어쩌다 한 번씩 있는 일이라면 그냥저냥 넘어가겠지만 하루가 멀다고 벌어지는 일이다. 반복적으로 악성민원인에게 괴롭힘을 당한다. 당하고 또 당하고 N차 가해다. 결국 해당업무를 맡고 있는 공무원의 정신건강은 엉망진창이 된다.

이는 공무원의 기본 근무 태도에까지 영향을 끼치게 된다. 일반적인 민원인조차도 무조건 악성민원인으로 규정짓고 복지부동하는 결과를 낳는다. 정당하게 예의를 지키면서 민원을 제기하는 민원인에게까지 불친절하게 된다. 사람에게 기가 질린 것이다. 아무도 이 공무원을 불친절하다고 욕할 수는 없다고 생각한다. 이 공무원도 살아야 하기 때문에 방어기제를 작동시키는 것뿐이다. 공무원도 사람이다.

악성민원인이 활개 치는 이유

악성민원은 지속해서 증가하고 있다. 행정안전부에서 발표한 악성민원인의 폭언·폭행 건수 통계를 보면 그 상승 폭이 가파르다. 국민의 교육수준도 높아지고 국가 GDP도 높아져 대한민국이 G7이 되었네, 3050 클럽에 들어갔네, 명실상부 선진국이라는데 왜 이런 일이 벌어지는 것일까.

악성민원인의 폭언, 폭행 등 행위 건수 (행정안전부)

2018년	2019년	2020년
3만 4484건	3만 8054건	4만 6079건

출처: "악성민원 도 넘었다... 폭언은 기본, 협박 · 위험물 소지까지", 〈영남일보〉, 2022.12.28.

첫째로, 국민의 공무원에 대한 인식이 기본적으로 부정적이다. 산업화와 민주화를 거치며 빠르게 성장해온 대한민국 역사에서 생겨난 부작용이다. 특히 민주화 과정에서 군부 독재정치는 꼭 타도해야만 하는 대상이었다. 독재정치는 자유민주주의 사회에서 국민이 당연히 누려야 할 권리를 박탈하고 공권력만 강화시켰다. 독재정권 당시 공무원은 엄청난 힘을 가지고 있었다. 일반행정 공무원이든 경찰이든 교사든 국민의 권리를 마음대로 빼앗고 자신들의 사적 이익을 챙겼다. 민간업체로부터 뇌물을 받는 공무원, 정당하게 제기하는 민원을 무시해버리는 공무원, 촌지를 받고 학생을 두들겨 패는 교사, 무고한 사람에게 죄를 덧씌우는 경찰 등 수많은 악성 공무원들이 존재했다. 국민은 이런 사례들을 몸소 겪고 살아왔기 때문에 아직도 공무원들이 부정부패할 것이라고 으레 짐작한다. 수십 년 대한민국 독재정권 역사에서 몸으로 체득한 국민의 공무원에 대한 부정적 인식은 없어지지 않았다. 공무원은 일 안 하고 놀기만 한다는 패러다임도 독재정권 시절에 생겨난 것이다. 대한민국 국민이라면 누구나 공무원에 대해 이러한 부정적 인식을 가지고 있다. 물론 현재 공무원들에게는 전혀 해당 사항이 없는 이야기다. 하지만 잠재의식 속에 깔린 부정적 인식이 나도 모르게 악성민원의 형식으로 나타난다.

둘째로, 악성민원인을 원칙적으로 제재하지 못한다. 그 어떤 경우라도 폭언·폭행은 받아들일 수 없는 행위다. 특히나 공무를 보고 있는 공무원이 그 대상이라면 더욱 그렇다. 공무집행방해라는 형사죄가 괜히 있는 것이 아니다. 모욕죄, 공무집행방해죄 등 현행법령을 엄격하게 적용하여 악성민원인이 자신이 저지른 행위에 책임을 질 수 있게 원칙적으로 대응하면 악성민원인은 자연스레 없어지게 되어 있다.

그러나 그렇게 못하는 이유가 있다. 대부분의 민원은 지방자치단체에서 처리하기 때문이다. 1990년대 초반 본격적으로 지방자치제가 시행된 이후 시장, 군수, 구청장, 교육감 등 모든 지방자치단체장은 국민이 직접 선출하고 있다. 지방자치단체장 입장에서는 무엇보다 표가 중요하다. 정치인에게는 표가 곧 밥줄이다. 악성민원인을 지방자치단체 명의로 고발하다가 혹여 지역민심이 안 좋아져 표를 잃게 되면 손해가 이만저만이 아니다. 악성민원인 막자고 원칙대응을 하다가 정치인으로서 내 표를 잃을 바에야 약 먹고 버티든 울면서 버티든 부하 공무원들이 그냥 몸빵해주는 게 이득이다. 기관장이 공무원을 지켜줄 생각 자체가 없는 것이다. 일선에서 악성민원인에게 당하고 또 당하는 공무원들에게는 기댈 언덕이 없다.

손님이 왕이던 시절은 갔다.
그러나 공무원에게만 여전히 그 시절이다

과거에는 '손님은 왕이다.'라고 했었다. 그때는 그런 줄 알았다. 고객 우선주의와 친절주의가 온 사회를 지배했다. 고객이 떼쓰면 다 들어주었고, 욕하면 먹어줬다. 그러나 지금은 아니다. 대부분 기업에서는 서비스를 거부할 수 있는 권리도 함께 중시하고 있다. 서비스를 제공하는 사람이나 받는 사람이나 똑같이 인격을 가진 사람이다. 상호 존중하고 예의를 갖춰야 한다는 사회적 합의가 이루어졌다. 국민의 지성 수준이 고양된 것이다. 서비스 제공자의 인격적 권리도 존중하는 사회가 되었다.

콜센터 직원들은 이러한 사회적 문제의 대표 예시 직종이었다. 하루종일 전화로 고객의 컴플레인을 받아주며 상담하는 콜센터 직원들은 폭언과 성희롱 등 정신적 피해상황에 그대로 노출되었다. 하지만 지금은 예전같이 듣고만 있지 않는다. 폭언과 성희롱이 많이 없어졌다. 회사 차원에서 전화를 끊을 권리를 보장해주었고 법적 제재를 가할 수 있다는 점을 고객에게 미리 공지하기 때문이다. 민간에서도 서비스 노동자의 인권에 이렇게 신경을 쓰고 있는데 오로지 공무원만 예외다. 공무원은 무시해도 되고 욕해도 되는 존재로 아직까지 인식되고 있다. 앞서 언급한 지방자치제의 영향이 가장 크다.

과연 이 나라는 공무원을 지켜주고자 하는 진심이 있는가?

그래도 각 지방자치단체에서 아예 손을 놓고 있지는 않다. 웨어러블 캠을 민원업무 담당 공무원들에게 나누어준다거나 안전 보안요원을 민원실에 의무적으로 배치하는 등 나름 신경을 쓰고 있다. 그러나 현장에서 느끼는 체감은 미미하다. 웨어러블 캠이 있다 한들 그 증거자료를 기반으로 고발하지 않으면 아무 소용이 없다. 지금도 각 동주민센터나 민원실에는 CCTV가 있고 녹음도 개인 스마트폰을 활용해 쉽게 할 수 있다. 장비의 문제는 아니라고 생각한다. 관리자가, 기관장이 직원을 보호하려는 진심이 있느냐가 핵심이다.

"남의 고통이 우리를 불편하게 만들 때까지 우리는 철저하게 그 고통에 무관심하다." — 마크 트웨인, 『인간이란 무엇인가』

오늘도 공무원들은 인격 모독적인 발언과 욕설을 들으며 근무하고 있다. 그 고통이 누군가를 불편하게 해야 이 문제가 해결될 수 있다. 그런데 아무도 불편하지가 않다. 욕먹는 당사자인 말단 공무원만 고통스러울 뿐이다. 원칙적으로 대응하면 여러 사람 불편해진다. 경찰 부르고 고발하면 관리자가 가서 상황 설명하고 증거자료 제출하고 기관장에게도 보고해야 하고, 혹여나 그 악성민원인이 지역에 영향력이 있는 사람이라면 문제가 더 복잡해지기 때문이다. 그저 담당자가 억울해도 사과하고 악성민원인 뜻대로 해결해주는 게 가장 편하다.

공무원 노조가 있지만 딱히 도움이 되지도 않는다. 심지어 노조가 없는 공공기관도 부지기수다. 나름 대책이랍시고 하는 일이 기껏 민원인이 잘 볼 수 있는 곳에 폭언 폭행하지 말아 달라고 안내판이나 세워주는 게 전부다. 안내판 내용은 실로 눈물겹다.

'업무를 보는 공무원도 누군가의 아들이자 딸입니다.'
'폭언 폭행 시 경찰에 신고할 수 있습니다.'

폭언 폭행해도 고발하지 않겠다는 선언이나 다름없다. 어떻게든 민원인을 달래기만 하려는 저자세로 일관한다. 공무원을 보호하지 않겠다는 내심이 묻어난다.

9급 공무원은 이렇게 살아가는 직업이다. 콜센터 직원들도 받고 있는 기본적인 보호 조치조차 받지 못하는 직업이다. 욕먹고 얻어맞아도 아무도 나를 지켜주지 않는 불편한 진실. 말단 공무원은 외롭고 또 외롭다. 전국의 교사들이 한마음 되어 돌아가신 선생님을 추모하는 모습은 부러워 보이기까지 한다. 지금까지 수많은 공무원이 고통당했으나 공무원들은 이렇게 뭉쳐본 일이 없었다. 선배 공무원들은 나도 그랬었다고 공무원이 원래 그런 거라고 아무 의미도 없는 말을 뇌까리며 진심 없는 위로를 전할 뿐이다.

오늘도 시청에서 구청에서 동주민센터에서 규정대로 열심히 일하다가 이유 없이 욕 먹고 신체적으로까지 위협당하는 공무원들이 있다. 화장실에서 남몰래 눈물을 삼키며 하루를 보내고 있는 그들을 응원한다. 하루빨리 근본적인 대응방안이 국가 차원에서 마련되기를 바란다.

③

공무원은 정치인의 장난감
행정은 죽고 정치만 판친다

정치의 나라 대한민국.
나라는 점점 어려워지는데 정치 관련 일자리만 늘어나

'대한민국의 주권은 국민에게 있고 모든 권력은 국민으로부터 나온다.'

대한민국 헌법 제1조 조문이다. 누구도 딴지 걸 수 없는 이 위대한 조문을 근거로 정치는 그 영향력을 기하급수적으로 확장해 왔다. 1995년 지방자치제가 본격 시행된 것이 그 시발이었다. 내가 사는 동네의 시장·도지사·군수·구청장을 내 손으로 투표해 뽑는 시대가 열렸다. 시의원·군의원·구의원 등 지방의원도 마찬가지이며, 나아가 2010년부터는 교육감까지 국민의 손으로 선출하게 되었다. 그렇게 정치는 위에서부터 아래까지 국가 모든 분야에 막강한 영향력을 끼치기 시작했다.

정치 관련 일자리도 계속 늘어나고 있다. 지난해 지방자치법 전면개정으로 기초지방자치단체 의원(시 · 군 · 구의원)들도 보좌관을 채용하여 휘하에 둘 수 있게 되었다. 물론 그들의 월급은 세금으로 나간다. 대한민국은 정치를 통하지 않으면 영향력 있는 공직에 도전할 수 없는 사회가 되었다. 공무원이 근무하는 대부분의 공공기관 기관장은 국민의 투표로 선출된 정치인이나 그 정치인의 입김에 따라 움직이는 준 정치인이 90% 이상이다.

공무원은 어디서 근무하든 정치인 입김에서 자유로울 수 없다. 국가직 공무원은 중앙정부 각 부처에서 일하는 공무원이다. 행정안전부니 환경부니 국방부니 근무하는 부처의 종류는 매우 많다. 당연히 각 부처 장 · 차관의 영향력 아래에 있으며, 장 · 차관을 임명하는 인사권은 대통령이 가지고 있다. 서울에서 부산에서 일하는 지방직 공무원도 있다. 지방자치단체에서 일하는 공무원이다. 지방선거를 통해 선출된 지방자치단체장이 통제권과 인사권을 갖는다. 이들은 그 지역에서 절대권력을 갖는다.

정치인도 목구멍이 포도청이다.
국가와 국민보다 내 자리보전이 더 중요하다

하지만 밖에서 봤을 때나 권력자지 당사자 입장에서는 이 정도 대우는 당연하다고 생각할는지 모른다. 이분들이 대통령이 되기 위해 장관이 되기 위해 지방자치단체장이 되기 위해 얼마나 힘든 정치적 공방과 경쟁을 뚫고 최종 선출이 되고 임명이 되었을까. 아마 우리 같은 일반인들은 그 과정을 정확히 알지 못할 것이다. 하지만, 정말 힘들었을 것이라고 예상은 된다. 수많은 후보자 가운데서 정당의 공천을 받기까지 엄청난 수고가 있었을 것이다. 그 수많은 정당인과 지역 유지들에게 꾸벅 꾸벅대며 인사를 다녔을 것이고, 알게 모르게 돈도 많이 썼을 것이다. 이들은 그 힘든 전쟁터에서 본인의 우수함과 경쟁력을 어필하고 뛰어난 정치력으로 최종 선거에서까지 승리하고 권력의 정점에 선 승리자들이다.

이렇게 힘든 과정을 거쳐 지방자치단체장이 되고, 국회의원이 되고, 장관이 되고, 교육감이 됨에 따라 필연적으로 따라오는 부작용이 있다. 이들은 단기간의 성과에만 집중한다는 것이다. 이 사람들의 정체성은 결국 정치인이다. 국회의원으로, 지방자치단체장으로, 장관으로 자신의 정치 커리어를 마치고 싶은 사람은 없다. 끽해봐야 그 자리에서 임기는 4~5년이다. 현재 자리에서 큰 성과를 이루고 국민의 인기를 얻어 더 높은 지위로 나아가야 한다.

정치인은 선거가 끝난 다음 날부터 바로 다음 선거를 대비한다는 우스
갯소리가 있다. 군수가 된 사람은 다음 선거에서는 국회의원이나 도지사
가 되길 원한다. 시의원이나 군의원으로 활동하는 사람은 다음에는 도의
원이나 지방자치단체장이 되고 싶어 한다. 꼭 더 높은 지위가 아니더라
도 다시 한 번 그 자리에 선출되어 현상유지라도 하고 싶어 한다. 권력을
손에 쥐어보면 내려놓을 수 없다.

그러기 위해서는 법이 보장하고 있는 4년의 임기 동안 어떻게든 자신
의 업적을 만들어내야 한다. 무언가를 해야 한다. 무색무취로 가만히 시
간만 보내다가는 본인의 미래가 불확실해진다. 우리는 가끔 지방자치단
체에서 무리하게 공공조형물이나 테마파크를 만들어 세금만 낭비한다
는 언론기사를 접하게 된다. 최근에는 공공조형물뿐만 아니라 케이블카
니 출렁다리니 스마트시스템이니 그 분야도 참 다양하게 이것저것 만들
고 있다. 이게 다 짧은 시간 내에 뭐라도 해내야 한다는 지자체장의 조급
한 마음과 시키는 대로 무조건 시행하는 상명하복 반대의견 없는 공무원
들의 합작품이다. 피해는 오롯이 국민 몫이다. 피 같은 국민 세금만 줄줄
샌다.

전문성 없는 정치인들이 국민에게 선출되었다는 그 이유 하나로 너무 많은 영향력을 가지게 된 부작용이다. 사실 대부분의 국민은 내가 사는 동네의 시장·군수·구청장 이름도 모른다. 시·군·구의원 이름은 말할 것도 없다. 지자체장, 기초의회 의원, 교육감 등 내가 사는 지역과 관련된 정치인 이름을 모두 알고 있는 국민은 0.1%도 안 될 것이다. 생각보다 사람들은 정치에 관심이 많지만 관심이 없다. 대통령이나 여·야당 대표, 대선 후보 등 언론에서 쉽게 접할 수 있는 유력 정치인들과 본인이 지지하는 정당의 주요정책 정도에만 관심을 가질 뿐이다. 그런데 국민은 아무도 모르는 그 무관심 속의 정치인들이 자신들이 국민에게 선출되었다는 그 이유 하나로 막대한 영향력을 갖고 국민의 삶을 좌지우지하고 있다.

정치인은 절대 갑, 공무원은 절대 을. 공무원이 되는 순간부터 평생 을질해야 한다

공무원은 이 모든 정치인들의 영향을 동시에 받는다. 그들의 뜻대로 움직이는 장난감 노릇을 해야 한다. 문제는 공무원에게 영향력을 행사하는 정치인이 너무 많다는 점이다. 기본적으로 공무원이 속해 있는 기관장의 지시에 따라야 한다. 그리고 의회 의원들에게도 협조해야 한다. 지역에서 활동하는 유력 정당인들에게도 꼼짝 못한다. 여기도 저기도 눈치만 봐야 하는 갑갑한 위치다. 어느 한 사람에게만 잘못 보여도 큰일이다. 이들 모두가 자신은 국민에게 선출된 사람이고 정당에서 영향력을 가진 사람이라는 자부심이 있다. 내가 국민에게 투표로 뽑힌 사람인데, 감히 나에게 공무원이 이래라저래라 할 수 없다는 오만함이 기저에 깔려 있다.

지방자치체가 완전히 우리나라에서 자리 잡은 이후, 기초지방자치단체 의원들이 공무원에게 갑질을 하고 폭언 폭행까지 해서 사회적 물의를 일으키는 사례들이 왕왕 뉴스에 보도되고 있다. 나는 국민이 선출해준 사람이다. 내가 공무원보다 위에 있다. 공무원은 내 말대로 움직여야 한다는 잠재의식이 정치인들에게 점점 강해지고 있는 것이다. 지방자치제가 이러라고 만들어진 제도는 아닌데, 풀뿌리 민주주의라는 이상은 안개처럼 사라지고 정치인들 완장질만 난무하게 되었다.

정치인은 공무원과는 속해 있는 세계 자체가 다르다. 국가기관의 장이든 지자체장이든 의원이든 이들 모두는 자신들이 속한 정당 안에서 긴밀히 소통하고 있다. 그래서 공무원은 이들 모두에게 고개를 숙여야 한다. 공무원으로서 내가 어떤 정치인 한 명에게라도 잘못 보였다가는 금세 그들 사이에 소문이 나고 내가 모시고 있는 관리자의 평판까지 깎아 먹을 수 있다.

따라서 공무원은 정치인 앞에서 철저하게 을이 된다. 국가기관이나 지방자치단체에서 개최하는 축제나 행사에 가보면 구의원이나 시의원, 주요정당의 지역위원장들이 적게는 한두 명, 많게는 수십 명에 이르기까지 지겹도록 축사를 하고 인사를 하는 광경을 볼 수 있는데, 이게 다 이런 이유에서 벌어지는 일들이다. 공무원들도 행사에 참여하는 일반 주민들이 이런 형식적인 의전행사를 싫어한다는 것을 알고 있지만 울며 겨자 먹기로 계속할 수밖에 없다. 정치인들은 공무원보다 절대 갑의 위치에 있다. 한 명이라도 제대로 예우하지 못했다가는 보복을 받게 된다.

공무원의 행정 전문성은 정치인에게 인정받지 못한다

공무원도 엄연히 행정 전문성을 가진 전문직종이다. 공무원이라는 직업 특성상 장기간 근무하는 사람들이 많기 때문에 더욱 그렇다. 행정만 하면서 20년, 30년 밥벌이한 사람들이다. 특히 지방자치단체에서 근무한 공무원만큼 그 지역에 대해 소상히 알고 있는 사람은 없다. 그 지역에서만 수십 년을 일했으니 당연한 일이다.

하지만 아무리 그 지역에 대해, 행정에 대해 전문성을 갖고 성장한 공무원이라 할지라도 큰 의미가 없다. 그 전문지식을 활용할 수 없기 때문이다. 어차피 정치인의 뜻대로 모든 행정이 펼쳐진다. 공무원은 정치인의 하수인, 장난감일 뿐이다. 정치인은 공무원의 경험과 전문성을 인정하지 않는다. 공무원의 입김에 휘둘리면 정치인으로서 본인이 챙겨야 할 이득을 가져갈 수 없다. 한정된 시간 안에 성과를 내야 하는 정치인의 입장과 장기적인 시각에서 그 지역의 발전을 생각하는 공무원의 입장은 서로 다를 수밖에 없기 때문이다.

예를 들어, 어떤 지방자치단체장이 수십억 예산을 들여 우리 지역을 상징하는 조형물을 만들자고 지시했다고 가정해보자. 그 지역에서 수십 년 근무한 공무원들은 굳이 이런 조형물을 만들 필요가 없다는 것을 잘 알고 있다. 주민들이 원하는 것도 아니고 조형물이 수십억 돈값을 할 정도로 잘 설계되고 배치될지도 의문이다. 리스크가 너무 큰 사업이라고 당연히 생각한다.

결국 공무원은 선택의 갈림길에 선다. 내 경험과 소신에 반하지만 정치인의 뜻에 따라 순순히 복종하고 진급 등 본인의 이해관계를 최우선으로 두고 행동하거나, 강직하게 반대의견을 표하다가 좌천되거나다. 대부분 공무원은 전자를 선택한다. 그 공무원을 비판할 수는 없는 노릇이다.

본질적인 문제는 공무원을 본인의 뜻을 실현하기 위한 소모품으로만 여기고 부려먹는 데만 급급한 정치인 출신의 기관장들에게 있다. 공무원의 행정 전문성과 장기적 시각을 무시하고 오로지 본인의 단기적인 정치적 이득만 생각하는 것이다.

국회의원, 시의원, 도의원 등 행정기관을 견제하는 정치인들도 공무원의 전문성을 인정하지 않고 무시하는 건 마찬가지다. 공무원을 종처럼 부리며 온갖 자료를 요구해 공무원의 업무부담을 가중시킨다. 이들도 자신의 신념만을 주장할 뿐 공무원의 의견은 씨알도 먹히지 않는다. 의견의 문제만 있다면 다행이다. 의원들은 공무원을 자신들의 하수인으로 생각한다. 이미 올해에만 수차례 지방의원들의 공무원을 대상으로 한 폭언과 갑질 사례가 언론에 보도되었다. 정치인들이 공무원을 대하는 태도와 인식이 딱 이 정도다.

또한 의원들은 행정기관에 대한 견제권을 가지고 있을 뿐 사업을 실제로 시행할 수 있는 집행권한이 없다. 따라서 행정기관을 비판하는 데 열을 올리는 경우가 많다. 결국 소속정당에 따라 진영논리에 따라 정치분쟁만 심각해진다. 여의도에서 시작된 정치싸움이 서울과 지방을 가리지 않고 전국에서 벌어지고 있다. 의원은 행정기관을 공격하고 기관에서는 방어한다. 고래 싸움에 새우등 터지는 건 결국 공무원이다. 자신이 옳다는 것을 증명하기 위한 각 진영의 치열한 정치싸움에 그 근거자료와 논리를 제공하는 실질적인 노동력은 모두 공무원들이 제공하기 때문이다. 여기서도 을 저기서도 을이다. 조직에서는 관리자와 선배들에게 갑질당하고 외부에서는 정치인에게 갑질당하고 그렇게 평생을 공직에서 살아내야 한다.

행정은 죽었다, 행정인도 죽었다,
영혼 없이 살아간다

대한민국에서 행정은 죽었다. 정치만 있다. 20~30년 이상의 경력을 가진 행정인의 의견은 씨알도 먹히지 않는다. 국민에게 선출되었다는 그 잘난 정치인들이 모든 영향력을 가지고 있다. 공무원은 근무기간 내내 그들의 입맛을 맞춰야 한다. 공무원이 꿈을 가질 수 없는 이유다. 아무리 말단 공무원이라도 비전이 있으면 버틸 수 있을 텐데 현실은 정치인 장난감이다. 공무원으로서 실력을 쌓아 내가 영향력을 가진 위치에 올라간다면 이런 정책을 펴보리라. 내 경험과 경륜으로 국가를 위해 이런 사업들을 벌여 보리라 꿈과 비전이 있어야 하는데 정치가 모든 것을 결정하는 시대가 되어버렸다.

행정에서 수십 년 경력 쌓아봐야 그 분야에 대해 아무것도 모르는 정치인이 기관장으로 날아와 뻔히 실패할 것이 보이는 아마추어적인 정책을 이것저것 펼치기 시작한다. 그 분야에 대해 아무것도 모르는 정치인의 명령에 공무원은 힘없이 복종할 뿐이다. 내가 수십 년간 기획하고 꿈꾸던 정책과 사업도 정치인이 허락하지 않으면 시행할 수 없다. 국민이 나를 선출했다는 그 엄청난 명분 하나만을 강조하며 고개를 뻣뻣이 세우는 정치인들 앞에 공무원은 오늘도 그저 머리를 숙인다.

평생을 정치인 앞에 을로만 살아야 하는 공무원의 운명이자 숙명이다. 강아지는 주인이 바뀔 때마다 그 주인에게 충성을 다한다. 주인이 100번 바뀌어도 강아지는 항상 새로운 주인을 만난 것처럼 그 주인에게 애교를 피운다. 현재 공무원을 둘러싸고 있는 법과 제도가 공무원을 강아지로 만들었다. 소신도 신념도 허용하지 않는다. 그저 바뀐 주인에게 애교 피우고 충성하는 강아지로 살아야 한다.

4년마다 한 번씩 선거가 치러지기에 그때마다 공무원의 주인은 바뀐다. 전임 기관장에게 충성하고 그 뜻에 열심히 따르다가 바뀐 기관장 앞에서는 전임 기관장이 벌였던 정책과 사업을 정반대로 틀어야 한다. 얼마 전 서울시의 'I seoul U'라는 도시브랜드가 없어지고 'Soul my seoul'로 교체되었다. 도시브랜드의 효용성과 교체에 대한 불만이나 정당성을 이야기하는 것이 아니다. 기관장이 바뀜에 따라 손바닥 뒤집듯 바뀌어 버리는 행정의 유약함이다. 'I seoul U'도 기존의 'Hi seoul'을 바꾼 브랜드다. 바꾸고 또 바꾸고다. 로고도 캐릭터도 바뀌고 사업도 정책도 모두 바뀐다.

기관장의 지시를 받아 최선을 다해 도시브랜드를 만들고 사업을 하고 건물을 짓고 하던 공무원 입장에서는 황당하고 힘이 빠진다. 선거 이후 기관장이 바뀌었다고 해서 자신이 담당하던 업무가 아예 없어지거나 방향성이 완전히 틀어졌다고 한번 생각해 보라. 공무원이 느끼는 좌절감은 형언할 수 없다. 근로의욕이 생길 수가 없는 구조다. 내가 지금 열심히 하는 일이 당장 4년 후에 최악의 사업으로 평가되고 비판받을지 모르는데 최선을 다할 사람은 없다. 그저 영혼 없이 대충대충 욕먹지 않을 정도로 끝내기에만 급급하기 마련이다.

헌법에 기반해 각종 법령으로 제도화된 구조이기에 공무원의 행정 전문성이 무시되고 있는 이러한 현실은 절대 바뀌지 않을 것이다. 법을 만드는 당사자가 정치인인데 자신들의 영향력을 약화시키는 내용의 법을 만들 리 있겠는가? 모든 권력은 국민으로부터 나오고 그 국민으로부터 선출된 사람이 마음껏 법적으로 보장된 권한을 행사하겠다는데 공무원이 뭐라고 이러니저러니 딴지를 걸 수는 없다.

억울하면 출세하라고 했던가. 공공 분야에서 국민과 국가를 위해 내 뜻을 자유롭게 펼치고 싶다면 차라리 어느 직업군에서든 자신의 커리어를 훌륭히 쌓고 정당 활동 열심히 해서 정치인으로 데뷔하는 것이 더 빠른 길이다. 행정 분야에서 정치권력은 앞으로 더 강화될 것으로 예상되며, 공무원의 입지는 더욱 좁아질 것이다. 행정고시에 합격한 인재들도 정치에 좌지우지되는 현실이 못마땅해 고시에 합격하자마자 몇 년 근무하지 않고 자진 퇴직하는 마당이다. 9급 공무원은 더 말할 것도 없다.

④

워라밸도 없다
편안한 철밥통 생활은 옛말

공무원이 사기업보다 더 힘들고 위험한 이유.
자연재해와 맞서야 한다

'공무원은 편안한 직업이다'라는 사회적 인식은 여전하다. 공무원은 정말 사기업보다 업무 강도가 낮고 워라밸도 지킬 수 있는 직업일까? 만약 그렇다면 공무원의 낮은 연봉도 감수할 수 있겠다. 하지만 공무원은 더이상 그런 직업이 아니다. 9급 공무원은 1년 내내 저녁도 주말도 없이 업무와 사람에 치이는 극한직업이다.

도대체 무슨 일을 그렇게 많이 하길래 하급 공무원들의 워라밸이 엉망진창이 되었을까? 이유는 크게 두 가지다.

첫째로, 내가 맡은 업무 이외의 각종 근무차출이 너무 많다.

특히 비상근무 차출은 지방자치단체에서 근무하는 지방직 공무원에게 엄청난 부담으로 다가온다. 비 오고 눈 내리면 새벽이고 저녁이고 나가서 비상근무에 임해야 한다. 주말이나 연휴에도 마찬가지다. 새해 첫날 1월 1일에 눈이 와서 치우는 경우도 있었다. 여기가 군대인지 어디인지 헷갈릴 지경이다. 지방직 공무원이라면 누구나 가지고 있을 안 좋은 기억이다.

비가 와도 공무원은 집에서 편안하게 쉴 수 없다. 호우주의보가 발효될 정도의 강수량이 예보되면 또다시 차출되어 근무해야 한다. 침수피해가 우려되는 곳으로 출동해 양수기로 물을 빼거나 모래주머니로 차벽을 쌓는다. 빗속의 사투다. 물론 침수피해를 사전 예방하고 제설작업으로 시민의 안전을 지키는 일은 공무원의 신성한 의무다. 공무원은 국민을 위해 존재하므로 국민의 안전을 위해 일해야 한다. 눈을 제때 치우지 않았다가 아침에 출근하던 국민 누군가가 미끄러져 큰 사고를 당할 수도 있다. 침수피해는 말할 것도 없다. 자칫 사람의 생명까지 위협할 수 있는 일이다. 안전은 타협할 수 없는 가치다.

문제는 이 모든 일을 공무원들이 직접 수행한다는 것과 그에 따른 보상이 전혀 없다는 점이다. 마치 군대에서 모든 작업을 군인에게 시키는 것과 비슷하다. 군대에서는 좋은 장비를 사서 운용하면 쉽게 해결될 일을 굳이 군인 수십 수백 명의 인력을 이용해 비효율적으로 해결한다. 공무원도 마찬가지다. 폭설이나 침수에 대비한다면 용역업체나 인력을 고용해 해결하는 것이 주민에게 더 효율적일 텐데 굳이 공무원을 동원하여 작업한다. 예산을 아껴서는 안 될 일이다. 폭우가 쏟아져 1분 1초를 다투는 급박한 상황에서 행정공무원 1~2명이 출동해 할 수 있는 일이 무엇이 있을까? 관련 전문가가 아니기 때문에 현장에서 상황판단도 올바르게 할 수 없고 작업속도도 현저히 느릴 것이다. 비슷한 상황을 많이 겪어보고 작업해본 전문가가 출동해 신속하게 조치해야 주민의 안전을 지킬 수 있다. 제설이나 수방 근무를 할 때마다 심각한 무력감과 좌절감을 느낀다. 만일의 경우를 대비해 비상근무에 임하지만 막상 그 만일의 경우가 일어나더라도 내가 할 수 있는 일이 없는 것이다.

자칫 공무원 자신의 안전마저 위협하는 경우도 생긴다. 2020년 여름, 춘천에 폭우가 내려 의암호에 있던 인공수초섬이 의암댐 근처까지 떠내려가는 일이 있었다. 계속 떠내려가는 인공수초섬을 다시 고정하기 위해 수초섬 관리업체 직원과 기간제 노동자, 담당 공무원이 함께 출동해 폭우 속에서 작업을 하다가 배가 뒤집혀 모두 사망했다. 사망한 공무원은 8급 공무원이었는데, 더 안타까운 것은 사고 당시 출산휴가 중이었음에도 불구하고 작업에 나섰다가 순직했다. 지난해에는 서울 동작구에서 폭우에 쓰러진 가로수를 정리하다 감전사한 공무원도 있었다.

당직근무에 행사차출에
내 주말과 여가시간은 없다

공무원의 워라밸을 빼앗는 근무차출은 폭우 폭설만이 아니다. 당직근무와 각종 축제 등 행사차출 근무도 상당한 부담으로 다가온다. 당직근무란 밤새 시청이나 군청, 구청 등 시설을 관리하고 지키는 일을 말한다. 18:00부터 다음 날 아침 09:00까지 무려 15시간 동안 사무실에서 뜬눈으로 밤을 지새워야 한다. 생활리듬이 완전히 깨지기 때문에 누구나 싫어하는 일이다. 혹여나 큰 사고가 일어났을 경우에는 책임을 지는 위치에 있기에 부담감도 상당하다.

지난해 이태원 압사 사고 시, 마포구청에서 당직근무를 하고 있던 공무원은 당직 근무자로서의 책임 때문에 아직까지도 사고 여파에 시달리고 있다. 보통 당직근무는 1년에 3~4번 정도 차출되는데, 기관마다 그 주기가 천차만별이다. 주기가 짧은 곳은 한 달에 한 번으로 매우 짧고, 어떤 곳은 1년에 1번 정도로 길다. 기관에서 당직근무를 운용하는 방법이 완전히 다르므로 완전히 케이스 바이 케이스다. 예산을 활용하여 당직근무 전담 용역업체를 고용하는 기관도 있고, 남자 공무원만 당직근무를 하는 기관도 있고, 남녀 공무원 모두 당직근무를 하는 기관도 있다.

 어쨌든 당직근무 주기가 긴 곳에 근무하는 공무원은 운이 좋은 공무원이다. 하지만 1달에 한 번꼴로 당직근무를 해야 하는 기관에 소속되어 있다면 이보다 안타까운 일도 없다. 개인 여가 시간을 뺏기는 건 물론이고 건강도 크게 나빠진다. 뜬눈으로 밤을 새우며 신체리듬이 완전히 흐트러진다. 실제로 밤샘근무는 신체균형과 자율신경에 이상을 일으켜 체중 및 혈압 증가, 각종 뇌·심혈관 질환 유병률을 높이는 것으로 알려져 있다.

 공무원 당직근무는 평일의 경우 09:00에 출근하여 18:00까지 모든 일상 업무를 수행한 이후에 휴식 없이 바로 근무에 들어가는 시스템이다. 당일 아침에 출근해 다음 날 아침 09:00까지 일하게 되는 셈이니 24시간 연속근무다. 더구나 다음 날 아침 09:00에 바로 퇴근하지 않고 잔여 업무까지 마치고 퇴근하는 악습까지 남아 있는 기관들도 있다. 이런 경우에는 공무원 당직근무는 불합리한 정도를 떠나 인권 유린에 가깝다. 대한민국 어디에서 휴식 없이 24시간 연속 노동을 시킨단 말인가. 까마득한 전태일 열사 시절 이야기다. 70~80년대 산업화 시대에 노동자들이 노동 권리를 전혀 보호받지 못하고 착취당했던 그 수준이다. 이렇게 15시간 근무하고 받는 돈, 당직수당은 고작 6만 원이다. 시간으로 따지면

4천 원. 오히려 안 주는 게 낫다 싶을 정도로 공무원의 사기를 더 떨어뜨린다.

축제 차출근무도 지방직 공무원의 워라밸을 해치는 1등 공신 중 하나다. 모든 지방자치단체는 그 지방을 대표하는 축제를 적게는 1개, 많게는 3~4개씩 개최한다. 화천 산천어축제, 함평 나비축제, 진해 군항제 등 전국에서 사람이 몰려오는 대규모 인기 축제들만 있는 게 아니다. 인지도 없는 축제들이 더 많다. 모든 지자체가 매년 1개 이상의 대형 축제를 개최한다.

이런 대형 축제들이 개최되면 지방직 공무원들은 예외 없이 끌려나가 근무한다. 하는 일은 안전관리(노란 조끼 입고 경광봉 들고 가만히 서 있는 사람들이다.), 주차관리, 쓰레기 청소 등 가지가지다. 지난해 이태원 압사 사고 여파로 인지도 높은 인기 축제의 경우에는 차출되는 공무원 숫자가 더 늘었다. 중대재해방지법 시행에 따른 조치다. 중대재해방지법 상 안전사고가 일어나면 기관장이 그 책임을 지게 되어 있다. 그래서 중대재해방지법은 기관장의 자리를 위협하는 실질적인 위험요소가 되었다. 기관장들은 이제 안전 관련 문제에는 절대 타협하지 않는다. 사고가 터지면 기관장 자리에서 물러나야 할 판인데 무조건 안전 또 안전이다. 실제 필요한 인력보다 2배 3배의 인력을 무지성으로 동원해 놓고 혹시나 사고가 일어났을 경우에는 기관장으로서 안전 조치에 최선을 다했는데 어쩔 수 없었다는 방어막으로 삼으려 한다. 차출되어 근무하는 공무원에게 따로 지급되는 수당은 없다. 지역축제 특성상 휴가철이나 날 좋은 4~5월, 9~10월에 개최하는 경우가 많다. 아름다운 봄·가을철 다른 직장인들은 가족과 연인과 친구와 즐거운 여가시간을 보내는데 매년 축제에 동원되어 대가 없이 일하는 게 공무원의 숙명이다.

몸이 두 개라도 모자란다.
나이 든 관리자들과도 놀아줘야 한다

공무원의 워라밸을 빼앗는 또 다른 이유는 뭐니뭐니 해도 상사 술시중, 밥시중이다.(동주민센터나 면사무소에 근무하는 공무원은 이와 더불어 주민단체 술 시중까지 들어야 한다.) 관리자들은 하급 공무원과 달리 업무시간 내내 신선놀음하기에 저녁에 기력이 남아돌아 술만 먹으려 든다. 술맛은 사람이 많을수록 더 난다. 내 말에 감히 반박하지 못하고 리액션을 해줘야 하는 부하 직원들이 술맛 돌게 하는 사람들로 딱이다. 틈만 나면 평일이고 주말이고 가리지 않고 술약속을 잡으려 든다. 알코올 중독이 심한 관리자는 주 2~3회씩 부하 직원과의 술자리를 가진다. 물론 술값은 법인카드로 해결한다. 문제는 이러한 술자리가 인사평가에까지 개입한다는 것이다. 관리자도 사람이기에 같이 술 먹고 놀아준 부하 직원들에게 고마움이 없을 리 없다. 근무평가 점수를 높게 부여하고 진급을 조금이라도 빨리할 수 있게 도와주거나 부서 전보 등 각종 인사 조처 시 관리자가 가지고 있는 영향력을 행사하여 혜택을 준다.

결론적으로 업무보다 상사 술 시중이 근무평가 점수에 더 많은 영향을 미친다. 관리자는 업무에 관심이 없다. 일하기도 싫다. 그저 나이가 들어 외로울 뿐이다. 허무한 인생 놀아줄 사람이 필요하다. 상사 심심하지 않게 잘 놀아주면 관리자를 잘 모시는 것으로 평가된다. 그래서 체육대회나 워크숍 등 관리자 취미에 맞는 놀 거리를 만들어 주면 관리자들은 어린애처럼 좋아한다. 연 1~3회 정도 1박 2일 코스로 주말을 껴서 부서 전 직원이 놀러 가는 일이 잦다. 물론 관리자 본인만 놀러 가는 거지 직원들은 육체노동, 감정노동이다.

평일에 그 고생을 하고 주말에는 쉬어야 하는데 쉴 수가 없다. 워크숍에 끌려가 타기도 싫은 산 타고 선배직원들 눈치 보며 관리자도 모셔야 한다. 1박 2일이니 음주량은 과할 수밖에 없다. 몇 번을 토하면서 술 마시고 노래 부르고 탬버린 치다가 1박 2일이 지나간다. 안 가면 그만 아닌가 생각할 수 있지만 현실은 그렇지 않다. 절대복종 기수문화가 본질인 공직사회에서는 집단주의 문화가 팽배하다. 튀는 행동은 관리자에게 찍힐 뿐이다. 관리자의 눈 밖에 나면 인사상 불이익이 따라온다. 관리자는 '내가 술 먹자 했는데 저 직원은 자꾸 술자리에 빠지네. 저 직원은 나를 싫어하나 보다. 감히 나를 싫어해? 어디 두고 보자.'로 흘러가는 사고회로를 가지고 있다. 원래 나이를 먹으면 옹졸해지고 잘 삐친다. 올라간 사회적 위치와 지위에 걸맞은 대우를 원하기 때문에 '감히'라는 생각을 자주 하게 된다.

동료직원들의 눈치도 있다. '누군 가고 싶어서 가냐. 다 같이 고생하는데 너만 빠지면 안 된다.'라는 무언의 압박을 준다. 이제 막 입사한 신규 9급 공무원이라면 더욱 그렇다. '8급, 7급 선배 공무원들도 빠지지 않고 술 시중 드는데 네가 감히?'라는 선배 공무원들의 눈치를 안 볼 수가 없다.

하급 공무원일 때는 워라밸을 포기해야 한다

9급 공무원은 이토록 업무시간 이외 많은 것들에 시달리고 또 시달린다. 때마다 비는 오고 눈은 쌓인다. 예상할 수 없다. 좀 쉬나 했더니 당직근무가 돌아온다. 관리자는 때만 되면 술 먹자 밥 먹자 난리다. 주말에나 좀 쉬자 계획했는데 축제 차출근무다. 또 그 다음 주에는 뭔 부서 워크숍을 간단다. 용기를 내서 빠지려 하니 관리자는 물론이고 동료 선·후배 직원들 눈치가 너무 보인다. 울며 겨자 먹기로 내 개인시간을 희생하며 하루가, 한 달이, 일 년이 지나간다. 몸과 정신이 함께 축난다.

자유롭게 이 모든 굴레에서 빠져나갈 수 있는 순간이 바로 관리자가 되는 순간이다. 팀장, 과장 등 보직을 받아 관리자로서 일하기 시작하면 그때부터 신선놀음이다. 공무원 생활의 가장 큰 변곡점이다. 중간관리자만 되어도 술자리나 워크숍에 비교적 자유롭게 빠질 수 있음은 물론이고 각종 수방·제설·축제 차출근무에 동원되지 않는다. 왜 동원되지 않는지 별다른 이유는 없다. 그저 관리자라는 그것 하나로, 윗사람이라는 이유 때문에 동원되지 않는다. 괜히 신선놀음이 아니다. 하급 공무원 착취 구조는 공무원 조직문화 모든 분야에서 그 뼈대를 이루고 있다.

하급 공무원은 칼퇴근도 할 수 없다. 출근 또한 그렇다. 공무원 조직에서는 관리자보다 먼저 출근하고 늦게 퇴근해야 한다는 불문율이 있다. 그래서 관리자가 일찍 출근하거나 늦게 퇴근하는 사람이라면 그 부하 직원들의 워라밸은 완전히 끝장난다고 봐도 된다. 내가 겪은 관리자 중에는 매일 아침 7시부터 출근하는 사람도 있었다. 물론 지키지 않아도 되기는 한다. 다만 관리자 눈에 나서 인사적 불이익을 받을 각오를 해야 한다. 동료직원들 눈치도 보인다. '저 친구는 일이 없나.', '누구는 칼퇴근 안

하고 싶어서 안 하나.', '신규직원 주제에 선배들 다 남아서 일하는데 자기 혼자 칼퇴근하고 이기적이다.'라는 식의 모함을 받게 된다.

어떤 관리자는 이런 불문율을 깨고 자유롭게 출퇴근하라고 하는 경우도 요새는 꽤 있다. 그래도 조금씩 공무원 사회가 바뀌어 가는구나 긍정적으로 생각되지만 여전히 9 to 6를 칼같이 지키기는 부담스럽다. 동료직원들의 눈치는 여전하기 때문이다. 공무원식 집단주의 상명하복 서열 중심 문화의 폐해는 그렇게 쉽게 없어지지 않는다.

대략 10년 전만 해도 공무원이 월급은 적지만 워라밸이 좋으니 괜찮지 않느냐라는 사회적 인식이 있었다. 지금은 상황이 많이 바뀌었다. 주 52시간 근무제도가 법제화되면서 일반기업의 근무여건이 몰라보게 좋아졌다. 기업들은 어떻게든 직원들을 과로시키지 않으려고 노력한다. 52시간 넘게 근무시키면 회사 입장에서 금전적으로 손해이기도 하고 직원들의 자유로운 사생활 보장과 충분한 휴식 부여가 결국에는 더 높은 생산성으로 회사에 기여한다는 원칙을 알고 있기 때문이다.

공무원은 상대적으로 최악의 근무조건이 되었다. 박봉은 더 이상 말할 것도 없다. 워라밸도 최악이다. 칼퇴근하지 못하는 문화, 관리자 술시중으로 개인의 업무평가가 결정되는 문화, 각종 차출근무와 안전관리 업무에 무지성 동원되어 책임지는 문화, 선·후배 간 엄격한 위계질서로 눈치보는 문화가 결합되어 개인 여가시간이 전혀 보장되지 않는다.

대책은 없을까? 정말 공무원 문화는 바뀌지 못하는 걸까? 많이 힘들지 싶다. 결국 워라밸에 가장 큰 영향을 미치는 요소는 제설·수방이나 당직·축제 차출 근무보다는 관리자 밥 시중, 술 시중 드는 일과 칼출근·칼퇴근이 안 되는 업무환경이다. 하급 공무원의 개인 시간을 뺏는 빈도가 가장 높다. 심하면 주 3~4회까지 회식을 한다. 못해도 월 2~3회다. 앞서 언급했듯이 관리자들은 자신이 인생에서 누릴 수 있는 가장 큰 쾌락을 절대 포기할 리 없다. 업무성과만으로 직원들을 평가하게 되면 자신과 놀아줄 직원은 없어진다. 매일같이 업무에 상사 술자리에 비상근무에 치이며 당신의 젊음과 열정을 허비하고 싶지 않다면 9급 공무원은 절대로 해서는 안 되는 직업이다.

$$\textcircled{5}$$

문서좀비 공무원
비효율 끝판왕, 모든 일을 문서로

문서는 필요하지만 문서주의는 필요하지 않다

'공무원은 공문으로 말한다'는 말이 있다. 그만큼 문서는 공무원 업무의 알파이자 오메가다. 일부 기술·기능 직렬을 제외하면 공무원은 언제나 공문으로 업무를 시작하고 마무리한다.

이렇게 공무원 업무가 문서 위주인 이유는 행정의 본질적 존재 이유와 맞닿아 있다. 행정은 공공의 이익을 위해 존재한다. 항상 엄정해야 하고 명확해야 하며 그 근거가 합리적이어야 한다. 공적인 권력이 사적으로 쓰일 때 어떤 결과가 나오는지 우리는 역사를 통해 잘 알고 있다. 때문에 행정은 행정의 선택이 합리적이었음을 스스로 증명해 내야 한다. 합리성의 전제조건은 투명성이다. 투명하려면 누구나 그 과정을 살펴볼 수 있어야 한다. 그래서 행정은 수많은 문서를 남긴다. 국민 누구나 원하면 볼 수 있고 검토할 수 있도록 말이다.

문제는 문서주의가 너무 과도하다는 점이다. 바야흐로 4차 산업혁명 시대다. 빠르고 효율적인 의사결정과 업무추진은 곧 조직의 경쟁력이다. 공무원 사회는 여전히 70~80년대 문서주의에서 벗어나지 못하고 있다. 쓸데없는 문서를 너무 많이 생산하고 있으며, 꼭 필요한 문서라 할지라도 1페이지면 될 것을 10페이지를 만드는 식이다. 문서가 많다고 업무검토가 꼼꼼하게 되는 것은 아니며, 국민의 알 권리가 향상되는 것도 아니다. 오히려 행정의 투명성을 침해한다. 너무 문서가 많으니 무엇이 핵심인지 쉽게 파악할 수 없고 오히려 그 문서량에 질려 나가 떨어져버리고 만다.

무조건 문서가 있어야
상급자와 소통할 수 있다는 고루한 고정관념

공무원이 생산하는 문서의 종류는 대략 3가지다. 당연히 이 범주에서 벗어나는 문서들도 있지만 비중이 그리 크지 않다.

1. 내부 보고서

2. 공식 결재문서

3. 회의 자료

우선 내부 보고서부터 알아보자. 보고서는 정책추진 과정에서 관리자의 의사결정과 검토를 위해 생산하는 문서다. 공식문서는 아니기에 그 목적만 달성되면 사실상 폐기되며, 문서 작성자가 잘 보관하고 있지 않은 이상 사후관리도 되지 않는다. 그러나 공무원 조직 내부에서는 공식 결재문서보다도 오히려 중요성이 큰 경우가 많다. 이 보고서를 통해 관리자는 직원의 업무역량을 판단하기 때문이다.

물론 관리자마다 원하는 문서의 스타일은 가지각색이다. 팀장이 원하는 부분이 있고 과장이 원하는 부분이 있고 기관장이 원하는 부분이 있다. 문서를 작성하는 사람은 한 명인데 상사들 모두가 이러니저러니 지시를 한다. 결국 모두의 의견을 수용하다가 이도 저도 아닌 잡탕 문서가 되기 일쑤이며 실무자의 행정력만 쓸데없이 낭비된다.

반대의 경우도 있다. 팀장이 지시한 대로 보고서를 작성했더니 그 방향성과 완전히 다르게 과장이 지시하여 그동안의 작업이 허사로 돌아가 버린다. 그래서 처음부터 다시 보고서를 작성했는데 기관장이 또다시 예상치 못한 지시를 하면서 문서 자체가 쓸모없어져 버리는 상황이 벌어진다. 품의제가 가지고 있는 근본적인 한계다.

이런 사태가 다시 벌어지지 않게 하는 해법은 간단하다. 최종정책 결정권자의 업무 방향성을 미리 물어보고 그에 따라 보고서를 작성하면 만사 OK다. 과장이 최종결정권자인 보고서라면 과장에게 보고서의 주제를 미리 구두로 물어보고 그 답변에 따라 보고서를 작성하면 되는 것이다. 중간관리자의 의견이 반영되지 못하는 단점은 있지만 일의 효율성을 따졌을 때는 이 방법이 맞다. 문서의 세밀한 부분은 결재과정에서 수정될 수 있을지라도 문서 전체가 쓸모없어져 처음부터 다시 맨땅에 헤딩하는 불상사는 막을 수 있다.

그런데 초등학생도 쉽게 생각해낼 수 있는 이 방안이 공직에서만큼은 자리 잡지 못하고 있다. 케케묵은 관습 관례가 문제다. 상사에게 무엇인가 보고를 하거나 물어볼 때 문서 없이 구두로만 물어보고 이야기하는 것은 예의에 어긋난다는 편견, 언제나 상사에게 문서를 드리면서 보고해야 한다는 공무원 사회만의 암묵적인 룰이 있기 때문이다.

예를 들어 도로변에 나무를 심는다고 하자. 벚꽃나무를 심을지 버즘나무를 심을지 은행나무를 심을지 나무의 종류를 정해야 한다. 나무마다

가지고 있는 특색을 잘 알고 있는 실무직원이라면 별 생각할 필요 없이 바로 결정권자에게 가서 어떤 나무를 심을지 물어보고 답변을 받으면 된다. 그 어떤 문서도 사실 필요하지 않다. 하지만, 시니어 공무원에게 이런 행위는 예의 없고 싸가지 없는 것으로 받아들여질 가능성이 크다. 관리자에게 의견을 물어보러 오는데 감히 '문서' 없이 와서 말로만 이러니저러니 떠들었다는 이유다. 반드시 각 나무별로 특성을 정리하여 보고서를 작성해서 결정권자에게 가져다주면서 의견을 물어야 하는 꼰대식 관습이다.

공무원의 문서 작성 원칙:
꽉 채워라, 이쁘게 편집하라, 내용은 중요하지 않다

보고서의 질보다 양을 따지는 관습도 공무원의 사기를 저하시킨다. 보고할 내용이 다섯 줄밖에 없다면 다섯 줄만 작성해서 서류를 만들면 된다. 그러나 시니어 공무원들은 이 또한 관리자에 대한 예의가 아니라고 생각한다. 왜 예의가 아닌지는 아무도 모른다. 그저 관습이며 꼰대짓일 뿐이다. 어떻게든 말을 이어붙이고 옮겨 붙이고 없는 말도 만들어내서 한 페이지를 꽉 채운다. 도저히 글을 지어내지 못하겠으면 사진이나 이미지 자료라도 집어넣어 양을 채워내야 한다. 신규 공무원들은 왜 이런 짓을 해야 하는지 처음에는 어이없다고 생각하며 분노하지만 연차가 쌓이면서 점점 체념하게 된다. 알아서 텍스트를 구겨 넣고 이런저런 편집 기술을 배우며 기존 관습에 순응한다. 나아가 이게 옳은 방식이라는 잘못된 고정관념까지 생기게 된다.

공문이란 무엇인가

공식 결재문서는 외부로도 공개되고 법적으로 영향력을 인정받는 말 그대로 공문을 의미한다. 공문은 100% 전자문서(컴퓨터 워드프로세서로 작성한 문서)로 작성하고 결재도 관리자가 컴퓨터상으로 클릭하여 결재하기 때문에 반영구적으로 기록시스템 서버에 남는다. 같은 기관의 공무원이라면 수십 년이 지나도 검색하여 찾아볼 수 있다.

대부분 공문은 업무지침이나 법령이 작성근거가 된다. 예를 들어 지침에서 '~~ 업무처리 시 의회와 협의하여야 한다.'라는 내용이 있으면, 의회와 어떤 내용으로 협의했고 정확히 누구와 언제 어디서 협의했으며, 협의 결과는 무엇인지 공문 형식으로 남겨놓아야 한다. 실제 협의를 아무리 꼼꼼하게 했다 하더라도 공문이 작성되어 있지 않으면 협의를 했는지 안 했는지 증명할 방법이 없다. 귀찮지만 문서로 남겨놓아야 한다.

법령이나 업무지침에 근거가 없더라도 공문을 작성하는 경우도 있다. 공공기관이 자율적 판단에 의해 어떤 사업을 진행할 경우다. 먼저 내부 보고서를 통해 업무추진방향이 결정되면 실무 공무원이 공문을 작성하고 팀장, 과장, 기관장 등 관리자들이 결재함으로써 실제 현실에서 일을 추진하게 된다. 꼭 공문을 남겨놓아야만 하는 근거가 없다 하더라도 이 사업이 어떻게 진행되는지 기록으로 남겨놓으면 먼 훗날 후임 공무원들이 일할 때 참고자료로 활용할 수 있다. 혹은 사후에 어떤 문제가 생겼을 때 귀중한 증거자료가 되기도 한다. 최근 정보공개제도가 활성화되면서 일반 국민도 공무원이 생산하는 공문 대부분을 정보공개 사이트에서 열람해 볼 수 있다.

공식 결재문서에 대한 공무원의 불만은 거의 없는 편이다. 법령이나 업무지침에 공문 작성근거가 있는 경우가 대부분이므로 꼭 필요한 일이라는 것을 알고 있다. 만약 공문을 작성해 놓지 않으면 후일 감사부서에 발각되어 징계를 받을 수도 있다. 그리고 공무원 업무 특성상 공문을 작성하는 일은 새로운 일이라기보다는 매월 매년 반복되는 일이 대부분이다. 그동안 기관에서 수년간 작성해 왔던 공문 형식이 있기 때문에 과거 문서를 참고하여 그대로 작성하면 되므로 특별히 스트레스도 없는 편이다. 법이 새로 제정되거나 업무프로세스가 완전히 바뀔 때에는 맨땅에 헤딩하듯이 문서를 작성해야 하므로 실무직원의 고생이 크지만 정말 운이 나쁜 경우가 아니고서는 대부분 공무원에게 이런 일은 발생하지 않는다. 행정은 보수성이 강해 무언가 국민에게 나쁜 영향력을 끼치는 큰 사건이 터지지 않는 이상 관련 법령이나 업무지침이 그리 쉽게 바뀌지 않는다.

회의가 문제가 아니라 회의 자료가 문제다

실무 공무원들이 가장 스트레스 받는 문서는 바로 회의 자료다. 공무원이 회의를 열면 무조건 회의 자료가 있어야 한다. 그것도 실제 필요한 양보다 훨씬 더 많은 내용을 담은 자료가 필요하다. 단순 미팅이나 간담회에서도 이는 마찬가지여서 편안하게 인사하고 식사하는 자리에서마저 회의 자료를 준비하여 서로 공유한다. 회의의 종류도 가지각색이다. 조직 내부적으로는 주 1회 정도 간부(관리자) 회의가 있고, 외부업체와의 미팅, 의회 등 관련 공공기관 간의 모임도 수시로 개최된다.

회의를 하면 회의안건이 있어야 하고 당연히 회의 자료도 필요하다. 하지만, 회의 자료를 기획하고 만드는 과정이 질보다는 양, 실질적인 내용보다는 형식을 위주로 하기 때문에 실무 공무원의 피로도가 가중된다. 무엇보다 많은 사람들이 이 자료를 보게 되기 때문에 실수가 있어서는 안 된다는 부담감이 크다.

변하지 않는 형식주의,
의미 없는 문서 삽질에 공무원은 지쳐 간다

어떤 문서든지 간에 본질 내용보다 형식을 따지는 공무원 문화는 한시 바삐 없어져야 한다. 스티브 잡스가 가장 싫어하는 문서형식이 PPT였다. 문제의 핵심을 '생각'으로 맞서지 않고 PPT가 보여주는 화려한 이미지와 동영상들로 비껴가려는 경우가 많았기 때문이다. 글로벌기업 아마존의 회의문화는 귀감이 될 만하다. 아마존에서는 회의를 개최할 때마다 방대한 회의 자료 대신 간단한 메모지만으로 회의를 진행한다. 메모지에는 회의안건에 대해 잘 모르는 사람도 그 글만 읽으면 쉽게 안건내용이 무엇인지 이해할 수 있도록 마치 일대일로 말하듯이 짧은 구술형의 텍스트로만 작성한다. 일체 표와 동영상, 이미지 등 자료를 활용하지 않는다.

공무원 문서는 정반대다. 글도 많고 사진도 많고 통계도 많고 자료가 풍성하다. 글씨 폰트와 크기, 줄 간격 등 문서형식도 이보다 더 깔끔할 수는 없다. 바로 책으로 내도 될 정도의 문서 퀄리티를 자랑한다. 하지만, 핵심이 무엇인지 파악하기 힘들다. '그래서 도대체 무엇을 말하려는 것인지' 처음 보는 사람은 도무지 알 수 없다.

젊은 공무원들은 이미 어떤 문서형식이 효율적인지 알고 있다. 그러나 공직 경력을 쌓아가면서 팀장 과장 등 선배 공무원들에게 이런 쓸데없는 문서 작성법을 하루하루 배워나간다. 그리고 자신이 가지고 있는 '옳은 신념'을 잊어버리고 이런 식의 문서 작성법이 공무원의 진짜 실력인 줄 착각하게 된다. 착각하지 않고 신념을 지키는 공무원도 감히 이견을 제시할 수는 없다. 여러 번 반복하지만 공무원은 군대만큼 강한 절대복종 사회다. 다양한 의견은 필요 없다. 오로지 상사의 뜻대로 진행할 뿐이다.

어쨌든 공무원은 문서로 말한다. 문서 작성 능력은 반드시 필요하다. 문서를 잘 만드는 공무원이 일 잘하는 공무원이다. 우대받아야 한다. 하지만 어떤 문서가 과연 잘 작성된 문서인지에 대한 고민이 공직사회에는 없다. 그저 70~80년대부터 이어지던 고루한 과거 방식을 답습하고 있다. 지금도 한 페이지 정도면 충분할 내용의 문서를 두세 페이지로 늘려 작성하기 위해 애쓰는 공무원들이 있을 것이다. 한두 줄 텍스트로 설명하면 될 내용을 이쁘게 그림으로 표현하기 위해 동그라미도 그리고 네모도 그리고 초등학생처럼 색칠 공부하는 공무원도 있을 테다. 단순한 문서 결재권자의 취향에 불과하고 아무 의미도 없는 행위이며, 아무도 주의 깊게 읽어보지 않는 그 한두 페이지의 쓸데없는 문서량을 채우기 위해 오늘도 9급 공무원들은 야근을 하고 주말에 출근을 한다. 해결책은 명징한데 시행할 수 없는 뻣뻣한 공직문화에 좌절감만 더 커져 간다.

6장

그래도 공무원을
하고 싶다면

1

이런 사람이라면 공무원 해도 좋다
공무원에 딱 맞는 성격과 조건

공무원이 천직인 사람도 분명히 있다

태풍이 수많은 피해를 일으키지만 바다를 깨끗하게 하는 것처럼 제아무리 나쁜 일도 찾아보면 긍정적인 점이 반드시 있다. 공무원도 그렇다. 필자는 9급 공무원은 하면 안 되는 직업이라는 결론을 가지고 있긴 하지만 각 사람마다 가지고 태어나는 천성에 따라, 그리고 본인이 처한 외부환경에 따라 9급 공무원이라는 직업이 안성맞춤일 수 있다. 필자도 10년 넘게 공무원 생활을 하면서 많은 동료 선·후배들을 보았다. 이 직업에 굉장히 만족하는 사람들이 분명 있었다. 그리고 이들에게는 공통점이 있다는 것도 알게 되었다. 이 공통점을 갖추고 있는 사람은 아주 높은 확률로 9급 공무원이라는 직업에 만족할 것으로 추정된다. 이제 그 공통점이 무엇인지 9급 공무원이 여전히 가지고 있는 장점은 무엇인지 어떤 사람에게 이 직업이 안성맞춤인지 공무원의 또 다른 면을 살펴보려 한다.

최근 사람들 사이에서 화제인 MBTI를 알고 계시는가? 수십여 가지 질문에 대한 답변내용을 토대로 사람의 성격을 총 16가지로 분류하는 심리검사다. 테스트 결과가 많은 사람들의 공감을 얻고 있어 급속도로 유행하고 있다. 혈액형이나 별자리로 대표되던 기존의 비과학적 성격유형 분류보다 훨씬 객관적으로 사람의 성격을 파악한다는 점이 주효했다. 또한, 단순히 나 자신만의 성격과 성향을 파악하는 것이 아니라 16개 유형의 사람들이 유형별로 상호 어떤 관계에 놓여있는지 일목요연하게 정리할 수 있어 효용성도 갖추었다. A 유형은 B 유형과 천생연분이고 C 유형과는 상종을 말아야 하고 그런 개념이다. 요새 대학생들은 소개팅하기 전에 MBTI로 상대가 어떤 성격유형인지 파악하고 내 MBTI와 맞는지 안 맞는지부터 살펴본다고 한다.

MBTI 테스트는 내 성격에 맞는 직업이 어떤 직업인지도 추천해 준다. 필자는 MBTI를 신뢰하지는 않는다. 사람이 16개 유형으로 그리 단순하게 나누어진다고 생각하지 않기 때문이다. 하지만, 사람에 따라 맞는 직업이 있고 맞지 않는 직업이 있을 수 있다는 것에는 동의한다. 예를 들어, 천성적으로 사람과의 만남을 그리 좋아하지 않는다면 영업직군을 택

해서는 안될 것이고 반대로 사람을 좋아하고 처음 만난 사람과의 소통을 즐기는 사람이라면 영업 분야에서 큰 성과를 올릴 수 있을 것이다.

그렇다면, 9급 공무원이라는 직업은 과연 어떨까? 장점보다는 단점이 많은 직업이지만 그래도 이 직업이 천직인 사람도 있지 않을까? 필자는 당연히 있다고 생각한다. 아무리 힘들고 대우가 박한 직업도 기쁨으로 그 일을 감당해내는 사람들이 있다. 그 직업의 어떤 매력이 그 사람의 성격과 잘 맞아떨어진 경우일 것이다. 9급 공무원도 충분히 그럴 수 있다.

그러나 9급 공무원의 직무분야는 무궁무진할 정도로 다양해 일괄적으로 이런 성격의 사람은 딱이다 아니다 쉽게 구분할 수는 없는 노릇이다. 그래서 이 글에서는 기본적으로 정부청사나 지방자치단체에서 근무하는, 말 그대로 우리가 흔히 볼 수 있는 시청이나 군청, 구청에서 근무하는 직원들 기준으로 어떤 성격과 조건을 갖춘 사람이 9급 공무원이라는 직업과 찰떡궁합일지 살펴본다.

결론부터 말하면 다음의 조건들을 갖춘 사람이다.(되도록 세 가지 조건 모두 갖춘 사람에게 권한다. 하나의 조건이라도 부족하다면 직업 만족도가 떨어질 가능성이 크다.)

- 탄탄한 경제적 여건을 갖춘 사람 (내가 돈을 안 벌어도 생계유지에 큰 문제없는 사람)
- 도전·경쟁보다는 편안하고 안정된 삶이 목표인 사람 (성취욕이 없는 사람)
- 많은 사람들과 소통하고 즐기는 외향적인 사람

박봉의 역설, 금수저가 공무원에 딱이다

첫 번째 조건인 경제적 여건은 공무원의 낮은 보수와 관련되어 있다. 앞선 글에서 설명했듯이 하급 공무원의 보수는 이보다 더 박봉이라고 생각할 수 없을 정도로 비참하게 낮다. 월급만으로는 도저히 정상적으로 2~3인 가정의 생계를 유지할 수 없다. 그래서 경제적 여력이 이미 충분한 사람에게 오히려 9급 공무원을 추천한다. 그 경제적 여력이 부모님에게 있든, 남편이나 아내에게 있든, 어떤 경우든 간에 내 소득과 상관없이 가정생계가 안정적으로 유지되는 상황에서는 공무원의 낮은 경제적 처우가 큰 단점으로 작용하지 않는다. 이미 탄탄하게 마련되어 있는 경제적 환경하에서 공무원 월급은 보너스 수준으로 접근하는 것이다. 공무원 박봉의 역설이다. 박봉이기 때문에 오히려 돈이 많은 사람에게 이 직업을 추천한다.

　평범한 3~4인 가정 기준으로 봤을 때, 9급 공무원이라는 직업은 가정의 부차적 재원으로 기능하는 것이 최선이고 만족도가 가장 크다. 메인 재원이 되어서는 삶의 질이 많이 떨어진다. 말도 안 되게 낮은 봉급이므로 아무리 자산이 있다 해도 생활비조차 100% 온전하게 감당이 되지 않는다. 남편이나 아내가 다른 직업으로 메인소득을 창출하고 공무원 소득은 서브재원으로 활용하는 것이 9급 공무원의 직업적 가치를 최대한으로 높이는 방안이다.

　최근 공직에 여성 공무원 비율이 점점 높아지고 있는 이유도 바로 여기에 있다. 사람들이 공무원은 한 가정의 메인재원으로 활용되기에는 부적절한 직업이라는 생각에 무의식적으로 동의하기 때문이다. 대한민국은 남자가 가정경제를 책임져야 한다는 인식이 아직도 강하다. 남녀 모두 그렇다. 여성 인권이 아무리 높아졌어도 아직 우리나라 여성들은 상향혼을 원한다. 나보다 잘 버는 남자를 만나려 한다. 남자도 마찬가지로 하향혼을 원한다. 나보다 많이 버는 여자를 만나면 남자로서 권위가 손상된다고 여기는 남자들이 대부분이다. 결국 우리나라 가정경제의 표준은 남자가 메인 재원을 창출하고, 여성은 서브 재원으로 기능하는 모습을 갖추고 있다. 월급은 적지만 휴직이 매우 자유롭고 경력단절 걱정이 없는 공무원의 장점이 여성에게 더 매력적으로 다가오는 이유다. 우리나라에서 40대 중후반 이후의 여성이 현역으로 활발하게 활동할 수 있는 직군은 그리 많지 않다. 9급 공무원이라는 직업은 여성에게 더 매력적인 직업이고 따라서 급격하게 여초화되고 있다.

편안하게, 별일 없이, 안정적으로 살기 원하는 사람

두 번째 조건인 경쟁보다는 편안하고 안정적인 삶을 추구하는 성격도 중요하다. 공무원은 애초에 발전 가능성이 닫혀 있는 직업이다. 내가 어디까지 갈 수 있는지 뻔히 정해져 있다. 하지만 거꾸로 보면 반대 방향인 아래로도 닫혀 있다. 공무원이라는 직업을 가지는 순간, 아무리 실패해도 어느 선 이하로는 떨어지지 않으며 최소한의 사회·경제적 지위가 보장된다. 도태되지는 않는다는 이야기다. 아무리 일을 못 해도 잘리는 법은 없으며 어찌저찌 시간이 지나면 진급도 자동으로 이루어지기 때문이다.

내가 어디까지 올라갈 수 있고 어디까지 떨어지는지 확실하게 정해져 있는 공무원 사회에서 '도전'이라는 가치는 그리 환영받을 수 없다. 도전해봤자 결국 힘이 빠질 수밖에 없다. 힘들게 도전해서 목표를 이루어내도 어디까지 올라갈 수 있는지 한계가 정해져 있기에 도전을 하든 안하든 큰 의미가 없다. 보통 9급 공무원은 5급으로 퇴직하면 공무원 생활 어느 정도 잘했다고 평가받는데 기를 쓰고 새로운 일에 도전하고 워커홀릭이 되어 최상의 업무성과를 가져가도 그냥 평범하게 일한 사람과 똑같이 5급으로 퇴직하게 되는 경우가 다반사다.

따라서, 도전보다는 나의 주어진 현실에 안분지족하고 편안한 삶을 목표로 하는 사람에게 9급 공무원이라는 직업은 천직이다. 세상은 여전히 누군가에게 도전하라고, 한번 사는 인생 저지르라고, 주체적으로 살라고 말하지만 그건 어디까지나 본인들 삶이고 그들의 생각이다.(물론 필자는 그 생각에 동의하지는 않는다.) 그 조언에 큰 깨달음을 얻고 뜻을 세우는 사람도 있겠지만 그것도 어디까지나 그 사람 이야기다. 도전하지 않고 나만의 편안한 삶을 구축하고 그 안에서 인생을 즐기는 것도 하나의 방법이다. 그 누가 타인의 인생을 감히 평가하고 못난 인생 잘난 인생을 규정짓는가? 교만한 생각이다. 리스크를 감수하면서 도전하고 성취해내는 인생만 성공한 인생은 아니다. 내가 만족하고 내가 즐거우면 그것도 하나의 인생이다. 그 누구도 그 삶을 무시하고 깎아내릴 자격은 없다.

핵인싸라는 말을 자주 듣는다면
공무원을 고려해 보라

마지막으로, 붙임성 좋고 사람 좋아하는 외향적인 사람이 공무원 직업을 선택하면 좋다. 공무원은 민간 회사와 달리 이직이 많지 않고 오랜 기간 같은 사람들과 근무하게 된다. 물론 2~4년마다 이 부서, 저 부서 옮겨 다니면서 일하기는 하지만 결국 그 사람이 그 사람이다. 한두 다리만 건너면 인적 네트워크가 모두 연결되어 있다. 그래서 모든 업무나 인사 조치가 온정주의에 기반해서 이루어진다. '누가 누구랑 친하다.'라는 게 공무원의 가장 큰 무기다. 밥 한번 술 한번 같이 먹어본 사람을 인사상 우대한다. 한마디로 친한 사람이 많을수록 얻어가는 게 많다. 공직생활이 편해진다. 그래서 사람을 좋아하고 여기저기 발 넓은 유쾌하고 외향적인 성격이 공무원 사회에서는 큰 무기가 된다.

한 발짝 더 나아가 욕심을 부려본다. 당신이 핵인싸라면 공무원 사회와 궁합이 맞다. 공직에서 실질적인 영향력을 발휘하는 시니어 공무원들은 업무를 기피하고 본인의 쾌락만을 위해 각종 모임을 즐기는데 이러한 자리에서 상냥한 태도와 유머러스한 드립으로 분위기를 잘 띄울 수 있다면 남들보다 몇 발짝은 쉽게 갈 수 있는 길이 열린다. 황당하긴 하지만 현실은 현실이다. 술을 좋아하고 즐기는 사람이라면 금상첨화다. 내가 좋아하는 술을 매일같이 마시면서 사회생활도 함께 해결되니 이보다 더 좋을 수는 없다. 술값도 내가 내는 것도 아니다. 매일같이 내 돈 안 내고 술 마시고 즐기는데 공무원 사회에서의 영향력도 생기고 인사적 이득도 챙길 수 있으니 일석삼조다. 물론 이렇게 온정주의가 강하게 발현되는 조직이 올바른 모습은 아니다. 온정주의는 비합리적이고 불공정하다. 개인 간의 친밀도가 모든 것을 결정한다. 하지만, 현실은 현실대로 받아들여야 한다. 어디 세상이 공정하게만 돌아가던가? 그런 세상은 없다.

글을 정리한다. 경제적 여력이 있고, 안정된 삶을 추구하며, 외향적인 성격이라면 9급 공무원이라는 직업을 강력하게 추천한다. 더 노골적으로 발가벗겨 본다. 야망 있는 사람이 할 직업은 아니다. 배우자나 부모님의 메인 소득이 탄탄하게 갖추어진 상황에서 아무런 경쟁이나 성취욕구 없이 편안한 인생을 누리기 원하는 사람이 부업으로 하기에 적합한 직업이다.

②

소확행은 가능하다
욕심을 버리자

소확행을 누릴 수 있는 조건

'소소하지만 확실한 행복'.

퇴근 후 캔맥주 하나, 따뜻한 커피 한 잔, 인사이트가 있는 책 한 권, 몰입할 수 있는 게임, 퇴근 후 강아지와 공원 산책, 마음을 나눌 수 있는 친구와 저녁식사…

헨리 데이비드 소로는 '월든'에서 자연과 함께하며 세상 욕심 버리고 평화롭게 살아가는 삶을 찬미한다. '월든'은 심플하고 소박한 인생을 살아가고자 하는 모든 이들의 지침서가 되었다. 공무원의 삶도 '월든' 정도는 안 될지라도 월든 근처에는 갈 수 있다. 소확행이 가능하다. 다른 사람 눈치 보지 않고 나 자신에 집중해 들어가는 내밀한 삶을 꿈꾸는 사람이라면 9급 공무원도 자신의 인생을 맡길 만한 선택이 될 수 있다.

그렇다면, 9급 공무원이 소확행을 누릴 수 있는 조건은 무엇일까? 다음 세 가지 조건을 모두 갖춘다면 소확행을 누리는 공무원이라고 할 수 있다.

- 생계유지 가능한 안정적 소득
- 소확행에 만족할 수 있는 내면의 힘
- 난이도가 높지 않고 9 to 6가 보장되는 업무량

소득 문제는 9급 공무원이 되는 순간부터 인생의 마지막까지 국가에서 보장해준다. 금액이야 적더라도 생계유지 자체에는 문제가 없다. 내면의 힘은 오롯이 개인의 몫이기에 필자가 이 책에서 언급할 부분은 아니다.

사기업과는 비교불가.
어떻게든 버티면서 시간만 보내면 결국 편안해진다

문제는 칼출근 · 칼퇴근이 보장되는 업무량이다. 공무원은 결국 국가가 시키는 일을 하는 사람이다. 일을 시키는 사람은 일하는 사람의 사정을 그리 잘 봐주지 않는다. 일하는 사람이 밤을 새우든 주말을 희생하든 온전히 그 사람이 감당해야 할 고통이다. 하지만, 앞선 글에서 수차례 설명한 바와 같이 공무원 30년 생활 중 절반인 15년 정도는 관리자로서 신선놀음하기에 이 문제도 시간이 자연스럽게 해결해 준다. 또한 실무자로서 생활할 때도 일을 어느 정도 회피하면서 업무량을 조절할 수 있다. 물론 조직 내 평판은 나빠질 수 있지만 소확행을 목표로 하는 사람이라면 애초에 조직 내 평판이나 빠른 진급에 목을 매지 않을 것이기 때문에 상관없다.

창업이나 프리랜서, 일반 사기업으로 살아가는 사람들은 꿈도 못 꿀일이다. 그들은 많은 돈은 손에 거머쥘 수 있을지 모르지만 40~50대 나이에 공무원만큼 편안하게 살아갈 수는 없다. 사업가는 출근과 퇴근이 없다. 회사 하나를 책임지고 총괄 관리한다는 책임감은 상상 그 이상이다. 끊임없이 변하는 내·외부 환경에 적응해야 하고 대책을 내놓아야 한다. 자칫 한 번만 삐끗해도 그 회사는 나락으로 가버린다. 사기업에서 근무하는 직원도 마찬가지다. 공무원은 일을 어느 정도 회피할 수 있지만 사기업은 일을 피할 수 없다. 시키는 일은 어떻게든 감당해내야 한다. 감당하지 못하면 희망퇴직이 기다린다. 진급을 해도 마찬가지다. 공무원은 진급하면 일 안 하고 책임 없이 신선놀음이지만 사기업은 진급할수록 일이 많아지고 성과에 대한 책임을 져야 하며 조기퇴직 가능성도 커진다.

사기업에서는 후배 직원들이 치고 올라오는 것도 부담이다. 그 어느 세대에나 젊은이들은 나이든 이보다 똑똑했다. 그들과 어느 정도 수준을 맞추려면 퇴근 시간 이후에도 자기계발해야 한다. 이에 반해 공무원은 뛰어난 젊은 직원들이 아무리 많아봤자 위험요소가 되지 않는다. 상명하복 장유유서 연공서열 중심의 군대 문화가 강력하게 자리 잡고 있으므로 업무능력이 뛰어난 젊은 직원은 오히려 '나댄다', '교만하다'라는 식의 프레임에 걸려 버린다. 경력 많고 계급 높은 사람이 그저 최고다. 나이가 들수록 공무원이 편안한 이유다.

아무리 생각해도 공무원만큼 소확행을 쉽게 실천할 수 있는 직업은 찾을 수 없는 것 같다. 최근 전문직 열풍이 불면서 많은 사람이 이과는 메디컬, 문과는 변호사·감평사·노무사·회계사·법무사 등 전문직 자격시험에 도전하고 있다. 그러나, 바늘구멍을 뚫고 목표를 달성한다 해도 이 직업들이 소확행을 실천할 수 있는 직업일까? 그렇지는 않다. 결국 전문직은 개인사업자이며 프리랜서다. 자신들만의 전문범위가 있는 하나의 창업가이자 프리랜서일 뿐 그 본질은 일반 사업가와 다른 바가 없다. 치열한 영업과 인맥 싸움, 새로운 아이템을 계속 내세워 본인만의 강점을 개발하고 차별화해야 한다. 물론 전문직 특성상 일을 계속하면서 업무가 손에 익어 업무 난도 자체는 낮아질 수 있지만 본인 밥벌이 문제를 두고 계속 고민하며 사회에서 싸워나가야 한다는 점은 불변이다. 아무 일도 안 하고 인터넷 서핑만 하다가 퇴근하는 관리자 공무원의 신선놀음과는 비교 불가다.

그러나, 강제된 소확행은 진정한 소확행이 아니다

공무원의 소확행은 얼핏 완벽해 보인다. 그러나 결정적인 문제점이 있다. 공무원이라는 직업이 소확행의 본질적인 면까지 충족시킬 수는 없다는 점이다. 공무원에게는 내 의지와 상관없이 소확행의 삶이 강제된다. 소확행이 가져다주는 본질적 행복은 '대확행'할 수 있지만 '소확행'한다인데 강제된 소확행은 그 본질적 목적을 충족시키지 못한다. 나는 강남 한복판에 브랜드 아파트를 구입해서 살 능력이 있지만 자연이 좋아 경기도 외곽 전원주택에 산다든가, 외제차를 구입하여 관리할 수 있는 충분한 경제적 여력이 있지만, 심플한 삶을 추구하기 때문에 경차를 운행한다든가, 결혼하여 자녀를 낳고 남들처럼 살아갈 수 있지만 혼자 사는 게 좋아 혼자 산다든가, 할 수 있지만 하지 않고 작은 행복에 만족한다는 게 소확행의 진정한 본질이다. 십만 원 쓸 수 있는데 만 원 쓰는 것과 만 원밖에 없어서 만 원 쓰는 것은 엄청난 차이다. '대확행'을 못해서 '소확행'하는 것은 온전히 소확행을 누리는 삶은 아닌 것이다.

서두에서 언급한 소확행의 대표명사인 '월든'의 작가 데이비드 소로도 월든 책만 보면 월든에서 평생 살았을 것 같지만 그렇지는 않다. 월든에서는 간소한 삶을 살아보기 위해 시험 삼아 살았던 것 뿐이고, 자신의 고향인 콩코드에서 거의 평생을 보냈다. 사람들과 부대껴 살던 사람이 '월든'에서 자연과 함께 살아가는 삶을 찬미했기에 '월든'이 명작으로 남은 것이다. 데이비드 소로가 아무런 사회적 위치도, 학벌도, 재력도, 사람도 없이 그저 월든에서 태어나 월든에서 살아갈 수밖에 없는 시골 촌뜨기였다면 '월든'에서 보여주는 그의 통찰력은 나오기 쉽지 않았을 게다. 독자들도 감동을 받지 못했을 것이다.

공무원의 소확행도 이러한 한계점이 명확하다. 소확행하고 싶어서 하는 게 아니라 어쩔 수 없이 소확행하는 것이다. 소확행 말고는 딱히 내 인생에 의미를 둘 어떤 가치를 창출할 방법이 없다. 소확행할 수밖에 없는 인생인데 소확행한다면 그 만족감은 극히 떨어질 수밖에 없다.

약 10년 전 9급 공무원 열풍이 불고 있을 때, 서울대생이 9급 공무원이 되어 화제가 되었다. 당시 아무리 공무원이 인기직종이라도 서울대생이

9급 공무원이 된다는 건 상상하기 쉬운 일은 아니었다. 그 서울대생은 인터뷰에서 '다른 길을 택할 수도 있었지만 공무원만이 주는 장점이 있기에 이 직업을 선택했다.'라고 말했는데 이러한 조건이 완비되어 있는 사람이라면 9급 공무원을 직업으로 선택하는 것을 추천한다.

꼭 서울대생이 아니더라도 이러한 조건은 여러 가지가 있을 수 있다. 부모님이나 배우자의 경제적 여력이 월등한 덕분에 내 마음대로 직업을 선택할 수 있지만, 국가와 국민에 봉사하고 싶은 마음이 있어 공직에 도전하는 사람과 같은 경우다. 여러 가지 직업 선택의 가능성이 완전히 열려있는 상황에서 주체적인 선택으로 소확행의 삶을 누리고자 9급 공무원을 선택한 경우는 충분히 공무원 직업을 선택할 만하다. 이것은 소확행의 본질과 완전히 부합하기 때문이다. '대확행'할 수 있지만 '소확행'을 주체적으로 선택한 것이다.

막연하고 추상적인 이유로 공무원에 도전하지는 말라

하지만 공무원에 대한 막연한 기대감과 안전성 정도에 추상적인 매력을 느끼고 9급 공무원이 되었다면 소확행을 해도 소확행이 아닐 것이다. 내 욕심과 야망은 그대로 남아 있는데, 내가 생각했던 것보다 훨씬 안 좋은 조건의 직업이 9급 공무원이라는 것을 알게 되었을 때 그 실망감은 말로 설명할 수 없다. 체념하고 소확행에 만족하려 해도 마음 한구석에 아쉬움은 계속 남아 인생의 그늘이 된다.

자신의 성격을 비롯해 나를 둘러싼 내·외부 환경을 꼼꼼하게 검토해 보고 공무원이라는 직업을 주체적으로 선택하기 바란다. 그저 남들이 하니까 먹고살게 딱히 없으니까 피상적인 생각으로 선택하지는 마라. 절대 추천하지 않는다. 필자는 9급 공무원이라는 직업에 일관되게 부정적인 시각을 가지고 있다. 하지만, 사람에 따라서는 자신에 대한 깊은 사색과 성찰, 환경 분석 끝에 그 신념에 따라 소확행을 목표로 하고 이 직업을 선택한다면 9급 공무원도 충분히 좋은 직업이 될 수 있다고 생각한다.

③

휴직이 자유롭다
경력단절 걱정 No, 당당하게 쉬자

휴직할 때도 복직할 때도 눈치 보지 않아도 된다

우리나라의 혼인율은 끝을 모르고 떨어지고 있다. 주된 이유 중 하나로 여성 경력단절 문제를 꼽는 전문가들이 많다. 대부분 기혼 여성은 출산과 육아로 어쩔 수 없이 일을 쉴 수밖에 없다. 그러나 다시 일자리로 돌아오기는 너무 어렵다. 결혼 전 직장에서 아무리 인정받는 인재였더라도 아무 의미가 없다. 1년만 쉬어도 내가 돌아올 자리가 보장되지 않는다. 여성이 결혼과 출산을 기피하는 이유다.

공무원은 경력단절로부터 완전히 자유롭다. 남성도 육아휴직을 자유롭게 쓸 수 있다. 돌아오고 싶으면 언제든 돌아올 수 있다. 더 쉬고 싶으면 더 쉬어도 된다. 직원이 당당하게 누릴 수 있는 정당한 권리로 휴직이 인정되는 분위기다. 휴직의 종류도 다양하다. 꼭 출산과 육아뿐만 아니라 가족부양, 자기계발, 해외 유학, 질병 등 갖가지 사유로 휴직을 사용할 수 있다. 불이익도 전혀 없다.

아프면 쉬어야 한다

공무원이 가장 많이 사용하는 휴직은 질병휴직이다. 신체, 정신상의 장애로 장기치료가 필요할 때 질병휴직을 신청할 수 있다. 기간은 1년 이내이며 돈까지 받는다. 본봉의 50%를 휴직기간 동안 매달 받는다. 그리 큰돈은 아니지만 아무것도 하지 않고 쉬는데 이 정도 돈을 받을 수 있다는 건 굉장한 혜택이다.

공무원은 자신이 원하는 때 언제든 질병휴직이 가능하다. 진단서만 있으면 된다. 휴직이 너무 쉽고 불이익도 없다 보니 최근에는 이 제도를 악용하는 사례도 심심찮게 나타나고 있다. 예를 들어, 2~3년에 한 번씩 있는 인사전보 시에 일이 많은 부서로 발령받았다는 이유로 질병휴직을 사용하는 직원들이 있다. 또는 동료직원들과 갈등이 생겼거나 일이 조금 힘들다고 해서 휴직으로 그 상황을 회피해 버리는 경우도 있다. 있지도 않은 병을 어떻게 그렇게 만들어낼 수 있느냐 이상하게 생각할 수도 있겠지만 일반적으로 어느 진료과든 한 달 이상 병원 꾸준히 다니면서 진료를 보면 대부분 의사들이 질병휴직에 필요한 진단서를 끊어 준다.

내가 원하는 시점에 휴직을 마음대로 쓸 수 있고 휴직 기간에 돈까지 받는 직장. 그 어떤 회사도 이런 권리를 누리기는 힘들다. 공무원만이 가지는 특혜다.

출산율이 세종시에서 가장 높은 이유

출산·육아휴직은 공무원이라는 직업을 대표하는 장점이다. 출산휴직은 90일이 주어지며 기간 동안 본봉 100%를 받는다. 육아휴직은 자녀 1명당 3년까지 사용할 수 있고 분할 사용도 가능하다. 보통 출산하자마자 1년에서 1년 반을 사용하고 초등학교 입학 전후 1년 정도를 사용하는 엄마 공무원이 많다. 부부공무원일 경우에는 아빠도 육아휴직을 사용할 수 있다. 조건은 엄마와 같다. 똑같이 3년을 사용할 수 있다. 결국 자녀 1명을 낳은 부부공무원은 엄마 3년, 아빠 3년 총 6년을 육아휴직으로 사용할 수 있는 셈이다. 당연히 수당도 주어진다. 본봉의 80%가 휴직기간 동안 통장에 꽂힌다. 다만, 80%에 해당하는 금액이 150만 원을 넘는 경우에는 150만 원만 주어진다. 수당 상한선이 150만 원인 셈이다.

아이를 낳으면 엄마 아빠 합쳐서 총 6년의 육아휴직을 쓸 수 있고, 그 6년 동안 최대 월 150만 원의 휴직수당을 꼬박꼬박 받을 수 있는 직업이 바로 공무원이다. 전 세계 유례없는 저출산 현상을 겪고 있는 우리나라에서 세종시만 상대적으로 유일하게 높은 출산율을 기록하고 있는 이유가 여기에 있다.

2022년 시·도별 합계출산율

세종	서울	경기	인천	대전	대구	부산	광주
1.12명	0.59명	0.84명	0.75명	0.84명	0.76명	0.72명	0.84명

출처: 통계청, 2022년 출생·사망 통계 잠정결과

초혼 연령이 높아지면서 난임휴직을 사용하는 여성 직원도 점차 늘어나고 있다. 난임휴직은 질병휴직의 한 종류이고 난임휴직이라는 용어가 인사규정에 명문화되어 있는 것은 아니다. 혼인이 늦고 출산도 늦어지는 게 현재 대한민국 사회 트렌드다. 난임으로 고생하는 직원들이 많다. 앞으로도 계속 사용빈도가 늘어날 것으로 보인다.

이런저런 휴직제도가 많다,
공무원이라면 반드시 누리자

질병휴직과 출산, 육아휴직은 공무원 휴직의 90% 이상을 차지한다. 가족부양휴직이나 자기계발휴직 등 기타 휴직제도도 있지만 사용률이 다소 떨어지는 이유는 이러한 휴직제도는 휴직 기간 동안 돈을 주지 않기 때문이다. 이중 가족부양휴직은 유급휴직으로 개선되었으면 하는 바람이 간절하다. 가족에게 불의의 사고나 질병이 닥쳤는데 병원비 부담이 커 휴직하지 못하는 사례를 종종 볼 수 있었다. 인간적이지 않다고 생각한다.

자기계발휴직은 공무원 본인이 어떤 목적이든 자신의 역량 강화를 위해 개인적으로 휴직할 수 있도록 만들어놓은 제도다. 대학원을 갈 수도 있고 해외유학을 갈 수도 있다. 쳇바퀴처럼 돌아가는 공직에서 잠시 벗어나 어떤 분야든지 배우고 익혀 그 과실을 다시 공직에 돌려줄 수 있으므로 아주 긍정적인 제도라고 생각한다. 그러나 조직에서 휴직을 잘 내주지 않으려 하는 게 문제다. 관리자들은 자기계발 휴직을 신청하는 공무원이 그저 놀고 싶어서 휴직을 쓰려 한다고 오해하고 휴직허가를 쉽게 해주지 않는다. 현실적인 문제도 있다. 안 그래도 출산 · 육아휴직과 질병휴직 등 휴직자가 많아 조직에 일할 인력이 없는데 자기계발휴직까지

무차별적으로 허용해 줄 수는 없는 노릇이기는 하다.

　이외에도 배우자가 외국에서 근무하거나 유학을 가는 경우에도 자유롭게 휴직을 사용할 수 있다. 한마디로 공무원은 웬만하면 휴직사유로 다 인정받을 수 있다고 생각하면 편하다. 휴직 사유가 없으면 질병휴직을 쓰면 그만이기 때문에 휴직의 자율성은 완벽히 보장된다. 휴직하고 돌아와서도 아무도 눈치 주는 사람은 없다. 왜냐하면 모두 사용하고 있기 때문이다. 너도나도 다 마음껏 휴직을 쓰고 있는데 눈치 줄 리 만무하다. 공무원 사전에 경력단절이란 단어는 없다.

　최근 공무원 조직이 점점 여초화되고 있는 것도 공직만이 가지고 있는 휴직제도의 장점이 큰 역할을 하고 있다고 생각한다. 올해 7월 행정안전부에서 발표한 여성 공무원 인사통계에 따르면, 2022년 지방자치단체 여성공무원 비율은 49.4%로 2021년 48.1%에 비해 1.3% 증가했다. 특히 서울, 경기, 인천, 부산, 대전, 광주 등 수도권과 광역대도시에서 여성 공무원 비율이 50%를 넘었다. 지방직 7급 공무원 시험 여성합격자 비율도 2013년에는 36.3%에 불과하던 것이 단 10년 만에 2022년 54.1%로 두 배 가까이 증가했다. 바야흐로 여성 공무원의 시대가 열리고 있다. 그러나 여성들이 정말 전문행정가로서의 커리어우먼을 꿈꾸는 것인지 일반 사기업이나 전문직 시장에서 여성 경력단절 문제가 심각해 울며 겨자 먹기

식으로 공무원 시험에 도전하는 것인지는 생각해 볼 문제다. 안타깝지만 후자라고 생각한다.

공무원은 내가 쉬고 싶을 때, 돌아오는 시점도 내 마음대로, 조직 눈치 보지 않고 주체적으로 쉴 수 있다. 열심히 일만 하는 공무원이라면 이 제도를 단점이라고 생각할 수도 있다. 내 옆에서 같이 일하던 직원이 일이 조금 힘들어졌다고 해서 휴직을 써버리는 바람에 나에게 그 일이 덤터기 씌워진다고 생각해 보자. 공무원의 자유로운 휴직제도가 원수같이 느껴질 것이다. 그래도 그 직원을 대놓고 욕할 수는 없다. 만약 너무 고통스럽다면 본인도 휴직하면 그만이다. 공직사회에서 휴직은 누구나 누릴 수 있는 권한이자 권리다. 권리 위에 잠자는 사람은 보호받지 못한다. 자유 그 이상으로 자유로운 공무원 휴직제도. 공무원이라면 반드시 누리도록 하자.

4

업무량을 내 뜻대로 조절할 수 있다
지혜롭게 조직문화를 활용하라

직업공무원제도의 모순,
안정성만 강조하다가 프리라이더만 양산했다

헌법 제7조 ②공무원의 신분과 정치적 중립성은 법률이 정하는 바
에 의하여 보장된다.

공무원 직군이 가지고 있는 모든 장점은 우리나라 헌법 제7조에서 보
장하는 '직업공무원제'가 그 출발점이다. 직업공무원제란 우수한 젊은 인
재를 공직에 유치하고 공직에 근무하는 것을 명예롭게 인식하여 정년퇴
임까지 전 생애에 걸쳐 성실하게 근무하며 단계적으로 경력발전을 이룰
수 있게 하는 인사제도를 말한다. ('한국 직업공무원제도의 정착'〈2012〉

(안전행정부−고려대−성균관대, '한국 직업공무원제도의 정착', 2012, 부분발췌)

　직업공무원제도는 공무원에 임용된 사람을 평생 공무원으로만 근무하게 하면서 적절한 보수와 사회적 위치를 보장한다. 그리고 다른 업종과 겸직하지 못하게 해 국가업무에 집중적으로 전임할 수 있는 환경을 만들어 준다. 국가는 그 어떤 기업보다 안정적이며 여간해서는 망할 일이 없다. 국가가 직접 보호하는 공무원의 신분은 본인이 그 직을 내려놓거나 범죄를 저지르지 않는 이상 박탈되지 않는다. 대한민국 개국 이래 직업공무원제는 계속 발전해 왔다. 공무원 계급 1~9급 체계화, 정년 연장, 전문가 특별채용제도 도입, 성과급 및 특별승진 제도 채택, 육아휴직 부여 등 여러 제도를 신설하고 조정했다. 그 방향성은 한결같다. 공무원의 복리후생을 증진하면서 한편으로는 성과주의를 도입해 건강한 경쟁을 유도하는 방향이다.

　그런데 수십 년 동안 발전을 거듭해온 직업공무원 제도의 역사 속에서 성과주의만큼은 아직도 제대로 자리를 잡지 못하고 있다. 현재 규정상으로는 일만 잘하면 연공서열을 떠나 고속승진이 가능하고 업무를 의도적으로 회피하는 등 성실하지 않고 역량이 떨어지는 공무원은 직위해제 및 직권면직까지 가능하다. 그러나 현실에서는 이러한 원칙이 전혀 작동하고 있지 않다. 앞에서 살펴봤듯이 일 잘해도 아무런 혜택도 없고 오로지 연공서열과 경력순으로 승진한다. 업무역량도 없고 심지어 의도적으로 합당하게 배정된 업무를 회피해도 그 어떤 징계도 받지 않는다. '나도 안 잘리지만 저 사람도 안 잘린다.'라는 공무원 우스갯소리가 괜한 소리가 아니다.

역설적으로 공무원의 장점이 바로 여기서 나온다. 동전의 양면이다. 일을 열심히 해도 연공서열대로 승진하고 일을 못해도 징계 조치가 없다. 결론적으로 나 자신도 일을 열심히 안 해도 된다는 뜻이다. 원칙적으로는 관리자가 합리적으로 업무분장하여 실무자에게 업무를 지시하면 담당자는 그 일을 감당해내야 할 의무가 있다. 그리고 실무자는 그 일에 열심으로 종사해야 한다. 그게 사회인으로서의 의무이고 책임이다. 만약 그 일을 의도적으로 해태하거나 대충 처리한다면? 그리고 그런 행위가 반복된다면 그 공무원은 징계를 받고 더 나아가 직위해제 직권면직까지 당할 수 있어야 한다. 그래야 공직기강이 바로 선다.

하지만 현실은 영 딴판이다. 합리적인 업무분장을 관리자가 제안해도 그 업무를 회피하는 실무직원들이 존재한다. 방법은 여러 가지다. 그 일을 감당할 능력이 도저히 안 된다며 울며불며 떼쓰고 회피하는 경우, 이렇게 업무를 많이 배정하면 휴직할 수밖에 없다며 오히려 관리자를 협박하는 경우, 겉으로는 열심히 하는 척하지만 실제 업무처리는 말 그대로 형식적으로 대충 하는 경우 등이다. 공무원이라는 직업을 가진 사람이 어떻게 이런 무책임한 행동을 보일 수 있는지 의아하겠지만 공무원 사회에서는 전혀 이상할 것 없는, 지금도 계속되고 있는 현실이다.

관리자의 직무유기로 열심히 일하는 직원만 착취당한다

그러면 이런 업무회피 현상이 발생할 때 관리자는 어떻게 문제를 해결할까? 정상적이라면 해당 직원에게 어떻게든 동기부여를 불러일으키던가, 아니면 불이익이 있을 수 있다고 경고하면서 질책을 하던가, 내가 도와줄 테니 같이 열심히 해보자고 리더십을 보여 주던가 어떻게든 그 직원을 붙잡고 해결해야 하지만 이런 관리자는 없다. 관리자로서의 업무를 직무유기하고 본인이 가장 편한 방법으로 일을 처리한다. 못 하겠다고 꾀부리는 직원은 그냥 일 하지 않게 내버려 두고 착하고 책임감이 강한 직원들에게 일을 몰아주는 불공정한 행태로 이 상황을 해결한다.

결국 착하고 책임감 강한 직원들이 가장 피해를 본다. 업무를 떠넘김 당하고 내가 손해보더라도 참자, 참자 하는 사람들이 계속 보상 없이 착취당하는 조직문화가 형성된다. 일부 약아빠진 공무원들은 내 편안한 업무여건을 위해 착한 직원들을 이용하며 프리라이더로서 만족스럽게 직장 생활을 한다. 최근 공직사회에서는 이렇게 잔꾀 부리는 분위기가 점점 심해지고 있다. 물론 대부분의 책임감 있는 공무원들은 이러한 프리라이더들 때문에 2인분, 3인분의 일을 도맡으면서 아무 보상 없이 고생만 한다.

바보같이 당하지 말고
이러한 조직문화를 지혜롭게 활용하라

하지만 이러한 불공정 조직문화 속에서 다른 직원들 일까지 모두 떠맡아 고생할 필요는 전혀 없다는 게 필자의 생각이다. 보상도 없고 의미도 없다. 호구 잡혀 착취당할 뿐이다. 그렇다고 교활한 프리라이더가 되라는 뜻은 아니다. 내 담당업무는 감당하면서도 이러한 조직문화를 잘 이용해 비합리적인 업무 떠넘김은 당하지 말라는 이야기다. 업무를 회피할 수 있는 조직문화를 지혜롭게 이용해야 한다. 누구나 고통을 최소화하고 이익을 극대화하길 원한다. 이것은 나쁜 욕망이 아니다. 사람이라면 당연히 가지고 있는 본능이다. 공무원 직종이 가지고 있는 제도와 문화를 이용해 내가 가질 수 있는 최대한의 이익을 뽑아내는 것도 능력이다.

결론이다. 내 업무역량의 딱 100%만 수행하라. 그 정도만 해도 충분하다. 누군가의 가스라이팅에 속아 그 이상의 역량 소모를 일으키는 업무를 도맡지는 말아라. 만족스러운 공무원 생활을 누릴 수 있는 황금열쇠다. 욕심을 부려 내 업무역량의 150% 200%를 발휘한다 해도 동료 선·후배 공무원들에게 사랑받는다는 보장도 없다. 오히려 시기 질투를 당할 수도 있다. 조직생활이란 언제나 그렇다. 예수님도 부처님도 뒷담화 당했다. 어쨌든 나쁜 조직문화라 하더라도 이런 문화를 활용해 내가 감당할 수 있을 정도의 업무만 감당한다는 사실은 공무원의 엄청난 장점이다. 세상에 어떤 회사원이 이렇게 할 수 있단 말인가? 일반 회사원들은 내 업무역량의 200%, 300%에 해당하는 일도 꾹 참고 해야 하는 경우가 많다. 말 그대로 내 인생을 갈아 넣어야 하는 업무가 떨어져도 무작정 참아낼 수밖에 없어 막다른 길에 몰리는 경우가 다반사다.

$$\binom{5}{}$$

공무원은 진짜 안 잘려?
공금횡령과 음주운전만 조심

공무원 징계의 종류

오죽 안 잘리면 철밥통이라 할까. 공무원의 직업 안정성만큼은 누구나 인정하는 최고 장점이다. 그런데 정말 무슨 짓을 해도 안 잘리는 걸까? 잘린다는 뜻은 공무원 징계 중 해임과 파면에 해당하는 징계를 받았다는 뜻이다. 일단 공무원 징계라는게 무엇인지 징계에 대해서 자세히 알아보자.

공무원이 업무상 또는 비업무적으로 어떤 범죄행위, 범죄까지는 아니지만 비도덕적인 행위를 한 것이 발각되면 본인이 일하고 있는 소속기관에서 징계를 받는다. 징계를 받는 행위의 기준은 공무원 행동강령 등 규정에 따르게 된다. 하지만 그 규정이라는 게 추상적인 경우가 많다. 예를 들어 공무원 품위유지의 의무와 같은 경우, 도대체 어떤 행위가 품위유지 위반인지 감이 오지 않는다. 이러한 추상적인 내용을 구체적으로 의논하고 최종 징계여부와 그 수준을 결정하는 기관이 징계위원회다. 징계위원회는 공무원이 근무하는 각 소속기관에 구성되어 있으며, 운영방법은 보통 대동소이하다. 징계는 총 6종류로 나뉜다.

- 견책: 사실상 징계는 징계인데 징계라고 볼 수가 없다. 단순한 경고라고 보면 된다. 징계 분류 중 가장 낮은 경징계에 해당한다.
- 감봉: 1~3개월 동안 월급의 1/3을 감해서 지급한다. 실질적으로 돈이 줄어서 나오니까 여기서부터는 징계를 받는구나 느낌이 온다.
- 정직: 1~3개월 동안 공무원으로서 일을 하지 못 한다. 공무원 신분은 유지하지만 직무에 종사하지 못한다. 일을 못 하니까 돈도 못 받는다. 1~3개월동안 월급이 아예 끊기는 상황이니 어느 정도 강력한 징계라고 볼 수 있다.
- 강등: 공무원 직급을 1계급 내림과 동시에 정직 3개월까지 포함된 처분이다. 1계급 진급하려면 최소 2년의 시간은 걸리기 마련이므로 상당한 수준의 징계다. 그러나 징계처분을 받는 사람 입장에서는 오히려 다행이라고 생각할 수도 있다. 강등 다음으로 강한 수준의 징계가 해임이기 때문에 그래도 공무원으로서 신분은 유지할 수 있구나 안도

의 한숨을 쉴 수 있기 때문이다.

- 해임: 말 그대로 공무원직에서 잘리는 징계다. 공무원 신분을 완전히 잃는다. 3년간 공직에 재임용될 수 없다. 그러나 공무원 연금은 받을 수 있다.

- 파면: 잘리는 건 해임과 같다. 해임과 다른 점은 공무원 연금도 못 받는다.

공무원은 욕하고 폭행하고 갑질해도
잘리지 않는다

6가지 징계종류 중 해임과 파면만 아니면 어떤 징계를 받아도 잘리지는 않는다. 그러면 어느 정도 범죄를 저질러야 해임과 파면이라는 징계를 받게 될까? 정답은 없다. 소속기관의 징계위원회에서 결정하는 일이기 때문에 완전히 케이스 바이 케이스다. 다만, 여러 징계 사례를 통해 간접적으로 추측해볼 수는 있다. 대표적인 10가지 사례를 꼽아봤다. 다음의 사례들은 국무조정실에서 발간한 「공무원 징계사례집」에서 발췌한 것들이다.

#1. 선임직원 A는 자신의 집 이사를 하는데 후배 직원들에게 이삿짐을 운반하게 함.

→ 견책

#2. 부서장이 회식 중 말대답을 했다는 이유로 부하 직원의 뺨을 때리고 폭언을 함. 부하 직원으로부터 큰 액수의 돈까지 빌림.

→ 정직 2개월

#3. 부서장이 부하 직원에게 개인용품을 사다 달라고 심부름을 시키는 등 사적인 요구를 하고, '대가리를 깨버린다' 등의 폭언을 함.

→ 견책

#4. 부서장이 부하 직원에게 "멍청한 새끼", "나사 빠진 새끼" 폭언을 함.

→ 정직 1개월

#5. 직원 A는 공무직 직원을 상대로 "네가 처맞아야 정신을 차리지." 폭언을 함.

→ 정직 1개월

#6. 부서장이 부하 직원에게 다른 직원들 앞에서 "사내새끼가 시키는 대로 해야지. 시키는 대로 해. 이기적이다." 등의 발언을 함.

→ 훈계

#7. 부서장이 부하 직원을 상대로 "생긴 대로 논다.", "꺼져." 등 막말을 하였음.

→ 인사발령조치(징계는 없음)

#8. 팀장이 부하 여직원에게 "나랑 사귀는 것 어때?", "여자는 성형은 기본이지. 어디 했냐?" 등 발언을 함.

→ 정직 1개월

#9. 팀장이 서무 담당직원에게 "XX새끼야. 나이 든 직원을 선발 안 해야 했다." 등 발언함.

→ 견책

#10. 팀장이 부하 직원에게 "한 것도 없으면서 무슨 연가를 가겠다는 거냐."며 부하 직원이 연가를 사용하지 못하게 하고 "내가 결재 안 하면 연가 못 가는 거지."라며 팀원들 연가 사용에 부담을 줌.

→ 주의(징계는 없음)

이 정도 범죄를 저지르는데도 해임이나 파면이 되지 않는다니 놀라울 것이다. 이래서 공무원은 철밥통이라는 말이 아직도 나오는 것이다. 여간해서는 해임·파면까지 절대 가지 않는다. 대놓고 성희롱 발언을 해도 정직에 그치고 폭언과 폭행을 해도 훈계다. 정말 상상도 할 수 없는 솜방망이 처벌이다. 공무원 사회의 안타까운 현실이다. 심지어 사례 중에는 징계 없이 구두경고나 주의에 그치는 경우도 있다. 이렇게 징계가 솜방망이에 그치다 보니 관리자의 폭언과 폭행 갑질은 날이 갈수록 심해지고 있다. 갑질이 심해도 내부고발은 쉽지 않다. 고발해서 무엇하겠는가? 끽해야 훈계고 세게 나와 봐야 감봉 정직이다. 징계 받은 관리자는 어쨌든 나보다 상급자고 근무연수가 많다. 조직에서 더 힘이 있고 영향력이 있는 사람이다. 징계 후에 나에게 어떤 보복을 할지 알 수 없는 일이다.

기관 내에서도 일이 터지면 쉬쉬하기 바쁘다. 누가 누구를 폭행했네, 폭언했네 소문나고 혹여나 언론에라도 실리면 기관장 관리책임이 불거지기 때문이다. 언론에 나가면 큰일이라고 생각하고 어떻게든 사건을 축소하고 은폐하기 바쁘다. 결국 억울한 사람은 당하는 사람밖에 없다. 폭언·폭행·성희롱·성추행 당해도 그저 참는 것밖에는 방법이 없는 조직이 공무원 조직이다.

공무원은 자나 깨나 돈 조심 술 조심

그렇다면 해임과 파면 징계는 도대체 언제 내려지나? 존재하기는 하는 것인가? 딱 2가지만 조심하면 된다.

첫째로, 공금횡령이다. 공금횡령은 공무원 조직에서 가장 안 좋게 취급하는 범죄유형이다. 소액이라도 그렇다. 고의로 공금을 횡령한 정황이 확실하다면 대부분 해임이나 파면 조치가 내려진다. 몇십만 원 몇백만 원 얼마 안 된다고 쉽게 생각했다가 큰일당할 수 있다. 공무원은 국민 세금을 항상 다루고 있으므로 단돈 10원도 절차에 따라 관리해야 한다.

둘째로, 음주운전이다.

유 형 별	징계요구 (처리기준)	징계기준
1. 최초 음주운전을 한 경우 　가. 혈중알코올농도가 0.08퍼센트 미만인 경우	경징계 또는 중징계	정직~감봉
나. 혈중알코올농도가 0.08퍼센트 이상 0.2퍼센트 미만인 경우	중징계	강등~정직
다. 혈중알코올농도가 0.2퍼센트 이상인 경우 　라. 음주측정 불응의 경우	중징계 중징계	해임~정직 해임~정직
2. 2회 음주운전을 한 경우	중징계	파면~강등
3. 3회 이상 음주운전을 한 경우	중징계	파면~해임

4. 음주운전으로 운전면허가 정지되거나 취소된 상태에서 운전을 한 경우	중징계	강등~정직
5. 음주운전으로 운전면허가 정지되거나 취소된 상태에서 음주운전을 한 경우	중징계	파면~강등
6. 음주운전으로 인적 또는 물적 피해가 있는 교통사고를 일으킨 경우		
가. 상해 또는 물적 피해의 경우	중징계	해임~정직
나. 사망사고의 경우	중징계	파면~해임
다. 사고 후 「도로교통법」 제54조제1항에 따른 조치를 하지 않은 경우		
1) 물적 피해 후 도주한 경우	중징계	해임~정직
2) 인적 피해 후 도주한 경우	중징계	파면~해임
7. 운전업무 관련 공무원이 음주운전을 한 경우		
가. 운전면허 취소처분을 받은 경우	중징계	파면~해임
나. 운전면허 정지처분을 받은 경우	중징계	해임~정직

출처: 공무원 징계령 시행규칙 별표1의5

공무원에게 음주운전만큼 무서운 것은 없다. 음주운전 3번 하면 무조건 해임이나 파면이다. 예외가 없다. 2번 해도 최소한 강등이다. 해임, 파면까지도 가능성은 열려있다. 심지어 1번만 음주운전해도 혈중 알코올 농도가 0.2% 이상이면 해임될 수 있다. 정말 무시무시하다. 게다가 음주운전만큼은 징계위원회에서 솜방망이 처벌을 하고 싶어도 못한다. 징계위원회에서 무슨 사정을 봐주자 알음알음 어떻게 해주자 이런 식으로 진행할 수가 없다. 음주운전 징계기준은 아주 명백하게 수치로 명문화되어 있다. 음주운전 관련 기록 또한 경찰에서 이첩 받게 되므로 그 사실이 명백하다.

왜 이렇게 음주운전에만 강력한 징계기준을 설정해 놓았는지는 의문이다. 음주운전은 물론 나쁜 범죄다. 무고한 사람의 생명을 빼앗을 수 있다. 그렇다 해도 다른 경우와 비교해 상대적으로 너무 징계가 심하다는 생각은 든다. 부하 직원에게 폭언·폭행·성희롱해도 훈계받는데 음주운전 1번에 정직 아니면 강등이라니 무언가 이상하다. 정치인들은 음주운전 몇 번씩 하고도 국회의원도 하고 도의원 시의원도 하고 지자체장도 되는데 말이다.

하여튼 공무원은 공금횡령과 음주운전만 조심하면 된다. 그것만 아니면 절대 잘리지 않는다. 후배직원이나 부하 직원에게 욕해도 되고 때려도 되고 사적인 심부름시켜도 되고 성희롱해도 된다. 아마 독자분들은 이런 생각이 드실 것 같다. 이게 공무원한테 좋은 거야 나쁜 거야. 정답은 간단하다. 자신의 권력과 권한을 이용해 직원들을 괴롭히고 거들먹거리는 사람에게 공직은 천국일 것이다. 그리고 당하는 사람은 지옥일 것이다.

9급 공무원으로 임용되어 공직 생활을 시작한 지가 엊그제 같은데 어느새 12년이라는 시간이 흘렀다. 계급도 7급 공무원이 되었고 곧 6급을 바라보는 위치에 서 있다. 이 책의 중요한 논지인 공직생활의 가장 큰 변곡점. 보상 없이 착취당하는 위치에서 편안하고 안락한 신선놀음의 자리로 올라가는 시점이 나에게도 다가오고 있다. 이제 고생이 끝나가는구나 안도감이 들어야 하는데 오히려 허무감이 마음을 뒤덮고 있다. 고작 내 한 몸 안락하게, 편안하게 60살까지 신선놀음하는 그 인생. 그 정도가 내 인생의 목표였던 것인지 나 자신이 수치스럽게까지 느껴졌다. 고생하는 후배 공무원들 앞에서도 부끄러울 것 같았다. 이렇게 비합리적이고 불공정한 조직문화를 그대로 물려주기 싫었다. 원래 인생 다 그런 거라고. 공무원이라는 직업이 원래 그렇다고. 다른 회사들도 알고 보면 다 마찬가지라고. 그렇게 철들고 나이 먹어가는 거라고. 너도 나이 먹어보면 알 거라고. 그런 하나마나한 이야기를 대단한 성찰과 통찰력에서 나온 소리인 양 뇌까리며 우쭐대는 어른이 되기는 싫었다. 내 인생을 그런 식으로 정당화하면서 후배 공무원들을 가스라이팅할 수는 없었다. 솔직하게 모든 것을 공개하고 대안을 제시하고 조언해줄 수 있는 진짜 선배, 진짜 어른

이 되고 싶었다.

뭐라도 바꾸고 싶었다. 불공정하고 불합리한 공직문화를 어떻게든 바꾸고 싶다는 욕망이 용솟음쳤다. 하지만 나에겐 아무것도 없었다. 힘도 권한도 아무것도 없는 일개 말단 공무원일 뿐이었다. 결국 쓰기로 했다. 부족한 필력임에도 쓰는 것밖에는 방법이 없었다.

이 책에서 공무원 직업의 안 좋은 점을 수없이 열거했지만 인정할 것은 인정해야 한다고 생각한다. 나는 공무원이라는 직업을 통해 엄청난 성장을 이루었다. 12년 전의 나와 지금의 나는 완전히 다른 사람이 되었다. 기쁨도 슬픔도 있었지만 과거의 나보다 성장하고 성숙한 것은 분명하다. 다만 공무원이라는 직업 때문에 성장했다고 보지는 않는다. 결국 함께 일하며 만난 좋은 사람들. 아름다운 사람들 덕분이었다. 공직에는 교활하고 영악한 사람이 많았지만, 이런 악조건 속에서도 벼랑 끝 피어 있는 한 줄기 꽃처럼 품위 있게 공직생활을 하시는 분들이 소수나마 있었다. 사람은 사람 때문에 상처받지만 사람 때문에 힘을 얻는다. 이분들을 통해 나는 성장하고 성숙할 수 있었다. 그들의 선한 영향력과 배려, 보살핌이 없었다면 지금의 나는 존재하지 않았을 것이다.

현직 공무원으로서 공무원 사회 전체를 비판하는 성향의 책을 쓴다는 것이 큰 부담이기도 했다. 그러나 누군가는 해야 하는 일이라는 생각이 들었다. 왜 청년들이 공직을 외면하는지, 힘들게 시험에 합격해 공무원이 되었는데 왜 1년도 안 되어 사표를 내는지, 급격히 무너지고 있는 공무원 사회의 진짜 이유를, 공무원들만이 알고 있는 그 추한 밑바닥을 누군가는 공개해야 했다. 힘없는 하급 공무원들만 고생하는 불합리한 착취 구조가 계속 이어지도록 놔둘 수는 없었다.

지금이 아니면 쓰지 못할 책이기도 했다. 얼마 지나지 않아 나 자신이 관리자가 되어 신선놀음하는 공직 기득권이 되어 버리면 이 글을 쓰지 못할 수도 있다는 생각이 들었다. 장마철 온 세상을 물로 잠기게 할 것만 같은 폭우도 하룻밤만 지나면 해가 쨍쨍하고 비가 오긴 왔었나 아무런 티도 나지 않을 때가 있다. 사람도 그 처지가 변하면 어이없을 정도로 쉽게 생각이 바뀐다. 내 생각이 바뀌기 전에 현시점에서 내가 옳다고 생각하는 바를 체계적으로 정리하고 싶었다.

한 가지 아쉬운 점은 공직의 여러 가지 문제점을 지적하고 공개하는 데에는 어느 정도 성공한 듯싶으나, 그래서 구체적인 대안과 해결책이 무엇이냐고 질문 받았을 때의 해답까지는 이 책에 온전히 싣지 못했다는 점이다. 문제의식도 중요하지만 대안도 중요하다. 기존 구조에 문제가 많다 해서 대안 없이 그 구조를 무너뜨리면 더 큰 혼란이 찾아온다. 어느 정도 구상하고 있는 대안들은 있었지만 논리적으로 정리하여 깔끔하게 제시할 수 있는 정도는 아니었다. 기회가 된다면 더 많이 공부하고 경험한 후에 공무원 사회가 앞으로 나아가야 할 방향과 제도적 대안, 조직문화 혁신안 등을 서술하고 싶다.

마지막으로, 지금 이 순간에도 어디에선가 자신의 소임을 성실하게 감당하고 있는 전국의 모든 공무원분들께 무한한 존경과 존중의 마음을 드린다. 특히 품격을 지키며 후배 공무원들에게 본이 되어 주시는 시니어 공무원분들께 감사한다. 비록 이 글에서 관리자의 무책임한 행태를 비판했지만 그렇지 않은 분들도 분명 많다는 것을 안다. 그리고 조직의 가장 말단에서 실무를 맡고 있는 청년 공무원들에게도 위로와 격려의 메시지를 보내고 싶다.

졸필에 불과한 저자의 글을 좋게 봐주신 미다스북스 출판사에 감사드린다. 항상 기도해 주시는 부모님께 감사한다. 그들의 기도가 나를 살게한다. 부디 이 책이 인생의 진로를 두고 고민하는 많은 이들에게 유익한 참고자료가 되었으면 하는 바람 간절하다. 이 책을 읽다가 더 궁금한 점이 있거나 지적할 사항이 있는 독자께서는 언제든 카카오 브런치스토리 계정이나 메일을 통해 연락 주시면 감사하겠다.